COSMOGÊNESE PLANETÁRIA

NOSSO RENASCER

Catalogação na Fonte
Elaborado por: Josefina A. S. Guedes
Bibliotecária CRB 9/870

A135	Abdala, Dirceu
2019	Cosmogênese planetária: nosso renascer / Dirceu Abdala. - 2. ed. - Curitiba: Appris, 2019.
	225 p. ; 23 cm
	Inclui bibliografias
	ISBN 978-85-473-1855-0
	1. Esoterismo. 2.Espiritismo. I. Título. II. Série.

CDD 23. ed. – 131

Livro de acordo com a normalização técnica da ABNT

Editora e Livraria Appris Ltda.
Av. Manoel Ribas, 2265 – Mercês
Curitiba/PR – CEP: 80810-002
Tel: (41) 3156 - 4731
www.editoraappris.com.br

Appris editora

Printed in Brazil
Impresso no Brasil

Dirceu Abdala

COSMOGÊNESE PLANETÁRIA
NOSSO RENASCER

Editora Appris Ltda.
1.ª Edição - Copyright© 2019 dos autores
Direitos de Edição Reservados à Editora Appris Ltda.

Nenhuma parte desta obra poderá ser utilizada indevidamente, sem estar de acordo com a Lei nº 9.610/98.
Se incorreções forem encontradas, serão de exclusiva responsabilidade de seus organizadores.
Foi realizado o Depósito Legal na Fundação Biblioteca Nacional, de acordo com as Leis nºª 10.994, de 14/12/2004,
e 12.192, de 14/01/2010.

FICHA TÉCNICA

EDITORIAL	Augusto V. de A. Coelho
	Marli Caetano
	Sara C. de Andrade Coelho
COMITÊ EDITORIAL	Andréa Barbosa Gouveia (UFPR)
	Jacques de Lima Ferreira (UP)
	Marilda Aparecida Behrens (PUCPR)
	Ana El Achkar (UNIVERSO/RJ)
	Conrado Moreira Mendes (PUC-MG)
	Eliete Correia dos Santos (UEPB)
	Fabiano Santos (UERJ/IESP)
	Francinete Fernandes de Sousa (UEPB)
	Francisco Carlos Duarte (PUCPR)
	Francisco de Assis (Fiam-Faam, SP, Brasil)
	Juliana Reichert Assunção Tonelli (UEL)
	Maria Aparecida Barbosa (USP)
	Maria Helena Zamora (PUC-Rio)
	Maria Margarida de Andrade (Umack)
	Roque Ismael da Costa Güllich (UFFS)
	Toni Reis (UFPR)
	Valdomiro de Oliveira (UFPR)
	Valério Brusamolin (IFPR)
ASSESSORIA EDITORIAL	Bruna Fernanda Martins
REVISÃO	Andrea Bassoto Gatto
PRODUÇÃO EDITORIAL	Fernando Nishijima
ASSISTÊNCIA DE EDIÇÃO	Suzana vd Tempel
DIAGRAMAÇÃO	Renata Policarpo
CAPA	Fernando Nishijima
COMUNICAÇÃO	Ana Carolina Silveira da Silva
	Carlos Eduardo Pereira
	Igor do Nascimento Souza
LIVRARIAS E EVENTOS	Milene Salles | Estevão Misael
GERÊNCIA COMERCIAL	Eliane de Andrade
GERÊNCIA DE FINANÇAS	Selma Maria Fernandes do Valle

Creio que a importância do Evangelho de Jesus, em nossa evolução espiritual, seja semelhante à importância do sol na sustentação de nossa vida física.

Chico Xavier

Pouca ciência afasta de Deus.
Muita, a Ele reconduz.

Louis Pasteur

PREFÁCIO

Renascer: Nascer novamente, crescer, germinar de novo; revigorar-se; adquirir nova atividade, novo impulso; rejuvenescer; ressurgir; tornar a aparecer; reproduzir-se; lançar rebentos; corrigir-se; reabilitar-se.

(Vocabulário Ortográfico da Língua Portuguesa, aprovado pela Academia Brasileira de Letras, em 12.08.1943).

***

Registramos, de início, propositadamente, a sinonímia do título da presente obra condizente substancialmente em tudo, com fundamentais proposições, estudo, pesquisas, indagações, questionamentos e respostas à luz de esforço, disciplina, conhecimento, vivência, muito trabalho, idealismo incomum de um coração e cérebro marcados por singular espírito de lutas, esforços e estudos, de que são dotadas as qualidades do companheiro, amigo de todos, o nosso estimado Dr. Dirceu Abdala.

Trabalho elaborado sob o pálio do verdadeiro triângulo de forças espirituais que representa para a humanidade o Espiritismo: "Ciência – Filosofia – Religião", segundo Emmanuel – via Chico Xavier – no livro *O consolador*, em que acrescenta: "A ciência e a filosofia vinculam à Terra essa figura simbólica, porém a religião é o ângulo divino que a liga ao Céu". No seu aspecto científico e filosófico, a Doutrina será sempre um campo nobre de investigações humanas, como outros movimentos coletivos, de natureza intelectual, que visam ao aperfeiçoamento da Humanidade. No aspecto religioso, todavia, repousa a sua grandeza divina de constituir a restauração do Evangelho de Jesus Cristo, estabelecendo a renovação definitiva do homem, para a grandeza do seu imenso futuro espiritual.

É, ainda, este livro, baseado em descobertas e pesquisas científicas modernas, principalmente nos campos da astronomia, da genética, da medicina, enfim, da tecnologia e ciência em geral. E representa oportuna contribuição para o esclarecimento e a renovação espiritual de quantos lhe derem atenção, aproveitando a oportunidade que o autor nos dá de partilhar com ele de rico ensejo de indagações e respostas sobre os temas mais variados da vida em geral no planeta que nos abriga, ajudando-nos no crescimento "por dentro", ao influxo do saber adquirido e do esforço no trabalho de elevação.

Falando sobre "o homem ante a vida", assevera o iluminado Espírito Emmanuel no livro *Roteiro* (psicografia de F. C. Xavier): "No crepúsculo da civilização em que rumamos para a alvorada de novos milênios o homem que amadureceu o raciocínio supera a fronteira da inteligência comum e acorda dentro de si mesmo, com interrogativas que lhe incendeiam o coração".

Quem somos?

De onde viemos?

Onde a estação de nossos destinos?

Tecer oportunas considerações sobre o assunto, concluindo "que nesse homem, porém, alarga-se a acústica da alma e, embora os sofrimentos que o afligem, é sobre ele que as inteligências superiores estão edificando os fundamentos espirituais da nova humanidade".

Esta obra enseja, igualmente, contribuição valiosa para a "Casa de Repouso Jesus de Nazaré", destinada ao tratamento alternativo com a ajuda da natureza, por meio de remédio fitoterápico e ambiente, sob todos os pontos, favorável, inclusive, com músicas suaves e demais tipos de vibrações elevadas, enfim, todos os recursos terapêuticos para o alívio e cura de enfermidades gerais e que está sendo edificada em sua cidade.

Rogamos a Jesus – o Mestre Divino – e a todos dos Amigos da Espiritualidade Maior, que abençoem o trabalho oportuno e grandioso do nosso querido Dirceu e sua equipe.

E aos leitores que se derem à leitura e assimilação dos sublimes propósitos desta obra, a nossa profunda gratidão.

Urbano T. Vieira
(Araguari-MG)

NOTAS DO AUTOR

A presente obra é o resultado de muitos anos de pesquisas, inclusive de diversas palestras abordando o assunto.

Sempre com a mesma indagação: "Como se opera a evolução de todos os seres, tanto dos portadores dos fluidos vitais, animais e vegetais, bem como dos inorgânicos, principalmente dos minerais".

Nossa preocupação maior surgiu quando nos lembramos de que a matéria é formada de apenas um elemento, ou seja, o elemento primitivo. Pronto, agora estamos diante da Justiça Divina em sua aplicação, dando a todos os reinos o mesmo ponto de partida. Belo! Belo! E que os corpos, que consideramos simples, não são verdadeiros elementos, mas transformações da matéria primitiva. No campo mineral, chumbo, prata, alumínio, cobre, ouro etc. há o mesmo ponto de partida, nada mais são que a evolução do elemento primitivo, pois tudo que é criado pela natureza sai do mesmo ponto de partida e evolui, passando por estágios próprios de sua evolução ou processo de energização.

Daí concluímos que não há um elemento diferente do outro na sua composição primitiva, já que todos têm a mesma origem, o mesmo ponto de partida e passam por estágios evolutivos, recebendo em cada estágio ou processo de energização o nome que a ciência lhes deu.

As substâncias ou elementos simples que aprendemos na escola, no estudo da Química, são formados por apenas um elemento químico e não podem ser decompostos em outras substâncias simples. Aqui, em nosso estudo, temos que adequá-lo à condição da existência de apenas um elemento, o primitivo, pois no Universo só existe uma substância primitiva, a matéria cósmica.

Da matéria primitiva ao homem, da criação de nosso orbe às Moradas Superiores, são tantas indagações que a mente humana, restrita, limitada, assusta-se diante da grandeza da obra de Nosso Pai. O que não podemos nos esquecer é de que tudo tem o mesmo ponto de partida. Da morada mais simples até a Celestial, sempre vige o mesmo princípio.

Alguns tópicos da presente obra baseiam-se em diálogos com o Profeta dos Profetas – nosso inesquecível Chico Xavier –, em seu santuário doméstico, fonte de todos os conhecimentos adquiridos e com ele discutidos, em forma de aprendizado. Daqui a milhares de anos nós ainda não encontraremos palavras exatas, próprias, para conceituar ou tentar explicar o trabalho do nosso querido Chico, Profeta Consolador. Chico – o maior manancial de santificação cristã –, embora analfabeto diante das letras, foi o maior escritor de todos os séculos. Rude em sua simplicidade foi, porém, o maior cientista de todos os tempos, o bom senso encarnado, sendo, nesta última trajetória, o filósofo interexistente.

Responsabilizamo-nos, portanto, por todo o conteúdo da presente obra, como sendo fruto de nossas pesquisas, estudos, diálogos e palestras por diversas cidades do País, mas, acima de tudo, pelos ensinamentos de Chico Xavier, na condição de Kardec e pessoalmente, em nossas aulas de conhecimento.

Tentamos a simplicidade para alcançar nosso objetivo de aprender um pouco mais com os que, com respeito à obra, possam criticá-la construtiva e passivamente e, com eterna gratidão, nós os esperamos.

Assim, entregamos nossa obra à imensa família brasileira, com objetivo de dialogar nosso estudo, bem como angariar recursos para equipar nossa Casa de Repouso Jesus de Nazaré, destinada ao tratamento do câncer e da leucemia, hospital de medicina espiritual/alternativa, numa filosofia nova, obra essa recebida pelo nosso querido irmão, Chico Xavier, por orientação do Plano Maior.

Como nosso hospital foi inaugurado e está em fase de implantação, e por se tratar de uma obra de grande porte, necessitamos da ajuda não só do presente estudo, mas de todos os corações generosos. Assim, a preocupação maior é a sua ligação com todas as pessoas, obtendo maior apoio, com o objetivo de servir com amor os doentes, fazendo-os sentir que há possibilidade de cura dentro de nós.

Centenas de frutas foram plantadas nas áreas adjacentes ao hospital, frutas silvestres do campo, mato e cerrado. Sendo rústicas, não nos preocuparemos com uso de pesticidas e agrotóxicos.

Por tratar-se de uma nova filosofia de trabalho, não incluímos no nome – Casa de Repouso Jesus de Nazaré – a palavra "hospital", assim como não será permitido falar em doença ou em qualquer fato negativo.

Acreditamos que a cura se obtém pela mente, com fé, meditação, motivação, direcionamento para tanto, pois todos somos dotados de processo para a autocura, que necessita ser despertado. Por experiência própria, no tratamento do câncer há mais de 25 anos, chegamos à conclusão de que os dois melhores medicamentos para a doença são: alegria e ocupação. Assim, milhares de aves, tratadas no local, sonorizarão o ambiente, que se mesclará com músicas suaves e clássicas. Um coral infantil fará diversas apresentações semanais. Há um centro espírita dentro da Casa de Repouso para o tratamento espiritual. As enfermeiras, todas com mediunidade de amor, com carinho, afeição e paciência, somar-se-ão ao trabalho com medicação natural, plantas medicinais, frutas e hortaliças cultivadas organicamente no local. Danças, festas, terapia ocupacional num pavilhão com a área de 415 m^2 e trabalho artesanal, em cooperativa, para que o interno saia curado e com um pouco de recurso financeiro obtido pelo seu trabalho. Um poço semiartesiano, com 116 m de profundidade, jorra a mais pura água, não só para uso humano, mas também para irrigação de todas as plantas. Amor acima de tudo! Essa é a nova filosofia de trabalho. Alegria e paz, como complementos, aliados a muita dedicação e carinho.

Rogando a sublime virtude da indulgência de nossos irmãos diante de nossa insignificância.

Fraternalmente,

Dirceu Abdala

SUA PARCERIA É IMPORTANTE

Torne-se um parceiro nosso. Hoje, contamos com mais de oitenta farmácias distribuidoras de nossos medicamentos, amanhã algumas mais. Tudo depende também de você.

Cada um de nós pode muito bem se associar a esse trabalho, divulgando-o, rogando ajuda dos corações generosos. Uma doação aqui outra acolá, num somatório de amor, e cresceremos juntos. Nossa pretensão é apenas servir, servir para mudar nosso mundo. Trata-se de uma obra filantrópica de grande porte. Faça uma corrente com seus amigos, dizendo-lhes para que todos façam parte desse simples trabalho, ajudando-nos a mantê-lo.

Visite nosso site: www.paz.org.br.

Deus lhe pague. Muito obrigado.

O autor e você, juntos.

VOCÊ E A SEGUNDA EDIÇÃO

O nosso livro, em sua primeira edição, foi lido e estudado por muitas pessoas, inclusive bons amigos, companheiros estudiosos, e em todos eles encontramos subsídios para melhorar, corrigir, ampliar e, acima de tudo, estímulos esclarecedores para uma nova edição, a que lhes apresentamos agora.

Contamos de novo com a boa vontade dos mesmos amigos e de todos aqueles que possam sempre melhorar a presente obra a fim de alcançarmos os objetivos espirituais.

Com gratidão a todos.

O autor

Aos queridos filhos, noras, genros, netas e aos irmãos, dedicamos a presente obra.

*À memória de nosso querido Chico Xavier, e aos saudosos pais,
Nagib Abdala e Afonsina, nossa eterna gratidão.*

SUMÁRIO

Nosso renascer...25

Da Justiça Divina...26

Por que as diferenças?...29

Estabelecendo comparações..31

Nossa casa mental..33

Nós, diante de nossa imperfeição...37

A origem de tudo...39

Nossa origem, para muitos...41

A alma humana e a dos animais...44

A metempsicose...45

Tudo caminha para a perfeição..46

Cada ser tem sua cultura própria...47

A cultura humana...53

A cultura indígena...55

Estamos ou não evoluindo?..57

A luta do homem diante da evolução..59

Criação Divina...62

Evolução – regra geral Divina...63

A escala dos mundos..66

A condição da Terra...68

Como se opera a transição dos mundos..70

A presença das raças...72

Não pagamos débitos alheios..74

Não há descanso nas moradas...75

Por que a diversidade de moradas?..77

Não somos iguais e nem as moradas..78

Tudo é útil..79

Criação de nossa morada..80

Da criação da Lua...82

A primeira base alimentar..83

Primeiro sinal de vida..85

Elaboração das formas...86

A grande preparação..87

Elos da cadeia evolutiva..88

A geração espontânea..90

A evolução de cada um..93

A criança e o adulto..95

O período de humanização...97

Como surgiu o homem..99

Nossos antepassados 102

Espécies animais e suas culturas 104

Não somos computadores 123

A ciência e o ancestral do homem 125

Solução da criação do homem 135

Restrição no plano espiritual 137

O homem utiliza-se do invólucro do macaco 139

A grande preparação do macaco 141

Quimiossíntese e a vida 146

A síntese da vida nos animais 147

Uso da razão na mentossíntese 148

O caminho da angelitude 150

Da matéria 151

Molécula por energia 153

Feixes de energia 154

Uma só justiça 155

Como explicar a microvida 157

Síntese da obra 158

Questionamentos sobre evolução 161

Sinopse da obra 210

Nossa mensagem final ao Nosso Pai Deus 221

Notas Bibliográficas 223

NOSSO RENASCER

Cosmogênese planetária, a provável teoria de evolução

Como funciona a Justiça Divina? Sempre esteve presente, em nossa casa mental, a interpretação da Justiça Divina diante da criação, da própria natureza, mesmo da nossa, ou seja, do ser humano. Por que e para que fomos criados? Nosso Pai espera alguma coisa de nós? Por que tantos irmãos, tão numerosa família, a riqueza, a miséria, a beleza, a dor, a alegria, a fome, a angústia; ou seja, por que passamos por tudo isso?

De uma coisa temos plena certeza: não fomos criados descartáveis, pois a paciência Divina é eterna, caso contrário o filtro dos séculos teria expurgado todos nós. Sobrariam os mansos, humildes e puros de coração. Mas depois de milhares de séculos chegamos à mediana conclusão de que nosso bondoso Pai não tem um filho para jogar fora ou, como foi dito, descartá-lo. Espera pelos milênios o nosso despertar.

Criou-nos simples e ignorantes, dotando-nos do tribunal da consciência, do livre-arbítrio, do uso da razão e do pensamento ininterrupto. Nem mesmo diante de nosso velório deixaremos de pensar. Quer que cheguemos à perfeição, fruto da nossa vontade (livre-arbítrio). Pois, para quem criou o Universo, nossa criação dotada de total evolução seria apenas um piscar de olhos, na expressão vulgar. Mas a Inteligência Suprema sabia que seríamos apenas criaturas robotizadas, programadas, sem qualquer sentimento ou sentido de evolução. Ele quer que cada um conquiste sua felicidade, sua liberdade, sua santificação – razão da presença entre nós, em qualquer momento de nossa história, dos missionários do amor.

DA JUSTIÇA DIVINA

Como interpretar, no reino mineral, diante da mencionada Justiça, a situação do grão de areia em comparação com o diamante? No grão de areia, se nos afigura a ideia de inutilidade, de precariedade, ou seja, de quase inexistência. Por outro lado, no diamante já subentendemos a opulência, a riqueza, o símbolo de poder material. Isso nos leva a ter uma ideia geral de injustiça. Não podemos conceber a ideia de perpetuação da injustiça.

Em outras palavras, não aceitaríamos a perpetuação do grão de areia e nem do diamante, pois teríamos a materialização perpétua da injustiça.

Busquemos o reino vegetal. Ali, temos plantas belas, perfumadas, diante de plantas feias, com odores horríveis. Até mais do que isso, plantas medicinais, que curam, aliviam dores, aumentam o poder de resistência, inclusive proporcionam longevidade, enfim, bênçãos da Bondade Divina, ao lado de plantas tóxicas, letais, abortivas, cáusticas. Não são criações da natureza, não possuem os mesmos princípios fisiológicos? Não vivem e se multiplicam na natureza? Por que as diferenças? Alguma coisa muda alguém num simples toque de mágica? Temos que continuar nosso estudo dentro da mais concebível lógica.

No reino animal, a mesma situação, ou seja, animais dóceis, mansos, amigos e, na mesma natureza, animais violentos, cruéis, mortíferos, que nos buscam e alimentam-se de nosso corpo. Uma análise celular dos mansos e cruéis os diferenciaria? Ou uma análise hematológica nos daria a noção exata de quem é quem?

Até na mesma espécie encontramos diferenças gritantes. Temos o caso de cães dóceis, mansos, que, embora desconhecidos de nós, quando os vemos pela primeira vez, vêm saltitando de alegria, abanando o rabo, as orelhas, até mesmo dançando. Ficam tão felizes que sentem necessidade de nosso afeto, de nosso carinho, chegam a nos lamber. Por sua vez, temos raças de cães tão ferozes, que são capazes de nos matar quando se aproximam de nós pela primeira vez. Ora, surgem-nos as perguntas: não foram criados pelo nosso Pai Celestial? Não fazem parte da mesma espécie?

Acreditamos que os cães dóceis, mansos e humildes assim se tornaram ao longo de milhares de reencarnações. Em cada reencarnação dão um passo adiante na evolução, o que significa que de tanto sofrer chuva, sol, fome, doenças, maus-tratos, desencarnam... Mas fica o aprendizado da encarnação anterior.

Reencarnam outra vez com um somatório de sofrimentos, com mais aprendizados, e de tanto sofrer o cãozinho aprendeu (evolução) que, sendo manso e humilde, ele consegue com mais facilidade seu alimento, e que diante da ferocidade, todos dele se afastam, com medo e instinto de proteção.

Será que temos apenas dois caminhos como opção no campo da evolução? Evolucionistas ou criacionistas? Não, mas o somatório de tudo – evolução orgânica, fisiológica, moral e cristã – é que leva o ser a crescer. Toda teoria tem significado científico de um fato imperfeito, pois está no campo da hipótese e, até mais do que isso, no campo da adivinhação. Daí as teorias da evolução e criacionista serem por demais combatidas, inclusive por adeptos de uma e ferrenhamente adversários de outra. Nosso estudo quer o somatório de tudo que diz respeito à evolução. Ontem era imbatível a teoria de Newton, até que surgiu Einstein, com sua teoria gravitacional, sem destronar a de Newton, nem tirar-lhe o mérito, mas dando maior conotação científica.

Darwin, dotado de muita humildade e simplicidade, colocou o estabelecimento da evolução e consignou uma teoria, a da seleção natural, em que pretendia dar luz à teoria evolutiva. Assim se pronunciou em *The descent of man*: *"Eu tinha dois objetivos em vista: primeiramente, mostrar que as espécies não foram criadas separadamente e, em segundo lugar, que a seleção natural tem sido o agente principal da mudança... Assim, se errei ao ter exagerado o seu poder* (aqui se referia à seleção natural) *pelo menos, como espero, prestei um bom serviço ao ajudar a derrubar o dogma das criações separadas".* Temos, aqui, a síntese do pensamento evolutivo orgânico/fisiológico.

Busquemos, agora, o pensamento criacionista, valendo-nos de um dos maiores cientistas nesse campo, o Dr. Duane Gish, em sua obra datada de 1978: *Evolution? The fossils say no!*

Denominamos por criação a condução à vida, por um criador sobrenatural, das espécies básicas de plantas e animais, pelo repentino processo de criação ou *fiat*. Não sabemos como o Criador criou, que processos usou, pois Ele usou processos que não estão agora em operação, em nenhum lugar do universo natural.

É por isso que nos referimos à criação como especial. "Não podemos descobrir, através de investigações científicas, algo sobre o processo criativo utilizado pelo Criador".

Nosso estudo busca as duas teorias, o que nelas tem de bom, principalmente porque não temos a mínima autoridade para criticá-las, mas não concordamos com as duas isoladas e, sim, conforme restou dito, com o somatório do todo conhecimento humano aliado aos ensinamentos religiosos, nossa cultura cumulativa e, ainda, ao conhecimento científico até agora desenvolvido neste Orbe.

POR QUE AS DIFERENÇAS?

Entre os humanos, citamos os exemplos de Madre Tereza de Calcutá, Irmã Dulce (na Bahia), Chico Xavier, Gandhi e tantos outros missionários. Exemplos do mais elevado amor, da mais pura renúncia. Irmãos que viveram em função de nossa felicidade, cuja preocupação maior foi servir-nos, sem nenhum interesse de ordem material. Lutaram, tiveram longevidade, nada possuíram em termos de bens do mundo e ninguém é capaz de esquecê-los pelos exemplos que deixaram.

Por outro lado, temos humanos que, mesmo com os exemplos citados, são capazes de, na primeira oportunidade, sem nos conhecer, tirar nossa vida em troca de pouca coisa. Temos humanos que são capazes, por uma contribuição, às vezes, de pequena monta, de receber em contrato a incumbência de nos eliminar. E, não satisfeitos, chegam ao ponto da tortura, de queimar nosso cadáver após o frio e cruel assassinato.

Surge a mesma indagação: não somos feitos da mesma matéria? É possível, num exame hematológico ou citológico ou até mesmo cadavérico, dizer quem é quem diante da bondade, da perfeição? O que mais uma vez comprova que cada ser, seja mineral, animal ou vegetal, possui graus de evolução ou estágio evolutivo diferenciado. Como sabemos da Justiça Divina, de sua infinita perfeição, podemos dizer que cada ser está no seu estado próprio de evolução, conquista sua e de mais ninguém, patrimônio de sua evolução.

O mal predomina na Terra em razão de nossa inferioridade. Sêneca, no tempo de Nero, dizia: "O homem na Terra não morre, ele se mata", e que a evolução é muito lenta. Basta dizer que o homem, na sua essência, mudou pouco, não assimilou quase nenhuma virtude. O que Sêneca disse pode ser aplicado até hoje: o homem continua se matando, por ignorância, por ódio etc. E surge a mesma indagação: não são nossos irmãos, filhos do mesmo Pai? Por que a diferença tão grande?

Por falta de resposta melhor, muitos são capazes de dizer que se trata da vontade do Pai. Mas cabe aqui a pergunta: quem está na miséria, na fome, na doença, na cegueira, na paraplegia completa, tem a mesma reação de quem é rico, saudável, vive com excesso de bens, passeando e saboreando a vida material?

Outros buscam nas doutrinas científicas de que se tem notícia, como no Darwinismo, bem como em Oparin (cientista russo), a explicação da evolução da vida. Na verdade, os referidos cientistas dedicaram seu árduo trabalho ao estudo da evolução das espécies. Em seus respectivos estudos, comprovaram a sobrevivência dos fortes. Para tais teorias ou doutrinas, os fracos nada representam. Na evolução física, razão assiste aos caros cientistas, mas na evolução instintiva, o fraco é muito mais forte do que se possa pensar. Enquanto o forte é agressivo e violento, o fraco é manso e dócil. Assim, a preocupação maior de nosso simples estudo é com a evolução instintiva, moral, sem nos esquecermos da evolução física – base da instintiva nos animais e moral no ser humano. Mas, mesmo utilizando Darwin, Oparin e outros, como explicar as diferenças sociais no mesmo grupo? Como explicar que filhos dos mesmos pais sejam tão diferentes? Encontramos irmãos saudáveis, bondosos, honestos, trabalhadores, cheios de virtudes, convivendo com irmãos bandoleiros, criminosos.

Pais amorosos, dignos, trabalhadores, virtuosos, com filhos exatamente o oposto. Perguntamos aos criacionistas, com o máximo respeito, se nosso Pai que criou espécies diferentes, até mesmo as básicas, não seria esse um princípio de injustiça diante das espécies inferiores, as microvidas? Sendo assim, como ficaria a condição de Deus diante dessa situação, já que Ele é toda justiça, toda perfeição?

ESTABELECENDO COMPARAÇÕES

Como interpretar, em todos os reinos, a beleza, a candura, o perfume, diante do feio, do triste, do sem expressão, do fétido, já que o nosso caminho é o da evolução dos instintos e da moral? Será que temos pais diferentes? Ou um Pai só, criador de todas as coisas, Pai de suprema inteligência, de superior bondade, soberanamente justo?

Se acreditarmos na existência de Deus, temos que interpretar Sua Justiça, Sua Bondade, Sua Sabedoria, em todos os reinos. Temos que encontrar a resposta dentro de nós, em nossa inteligência, em nossa capacidade interpretativa, ou vamos sofrer diante de nossa ignorância, de nossa revolta, de nossa incompreensão.

Acreditamos na sua perfeição, ou seja, tudo criado por nosso Pai é perfeito. Se há imperfeição está dentro de nós, em nossa falta de evolução moral e intelectual.

Tanto é verdade que não há casamento ou qualquer vínculo entre as pessoas que não estejam ligadas ao acaso que não possa ser modificado, ou seja, a Sabedoria Divina não exige de nós qualquer tipo de violência, vez que, inadvertidamente, a pessoa pode acumular débitos, mas permite que a pessoa possa interromper, recusar, modificar, discutir ou até mesmo adiar, transitoriamente, os compromissos até então assumidos, pois o exercício do verdadeiro amor não pode cansar o coração.

Na verdade, não há vítima e nem algoz por acaso. Cada um recebe conforme o que plantou; não há colheita sem plantio. O plantio é aleatório, mas a colheita é sempre compulsória. Não há bala perdida.

Acumular virtude não é fácil. Basta traçar analogia entre a paciência e a humildade, uma não vem sem a outra. Entretanto a mais difícil é uma terceira: a abnegação. Ela não pode ser ensinada. Tem de ser vivida no silêncio com Deus. Temos de vivenciar aquilo que ensinamos. O problema é compreender e aceitar a diferença entre ter e ser. Tudo o que a gente tem é de Deus. Desprender-se das posses, das pessoas... eis o caminho. Estamos na Terra em aprendizado. Nesta escola material pode ser um paradoxo, mas aqui nos situamos para o aprendizado do desapego, da desmaterialização de nossos sentimentos. Basta atentar para os seres mais evoluídos. Sempre, os que amam muito nada possuem de ordem material, não se apegam a nada da matéria, ninguém deles se esquece e, por outro lado, ninguém se lembra dos homens mais ricos do pretérito, século a século.

Interessante notar que nesses vinte e quatro anos de experiência com as plantas medicinais, registramos que cada cidade tem um carma (ligado à condição moral do seu povo) e que as plantas de que necessitam estão no raio de ação da própria comunidade, ou seja, a doença é nossa, mas nosso Pai fornece-nos os medicamentos ao alcance das mãos. A cura ou tratamento está em nosso quintal. Portanto não há necessidade de buscar longe, vez que o necessário está em nossos quintais e arredores de nossa cidade. Nossos avós cuidaram de sua prole com medicamentos naturais, plantios nas dependências das casas. Nosso pensamento, nossas atitudes, nossas vibrações constituem o carma de nossa coletividade, mas a sabedoria de nosso Pai colocou os medicamentos necessários ao nosso tratamento. Belo, não é mesmo?

NOSSA CASA MENTAL

Que mundo habitaremos, após nosso desencarne?

Sem dúvida, um mundo de acordo com o que somos por dentro, ou seja, nossa casa mental, já que o que fazemos é muito importante. Para provar nosso amor a Deus temos que aprender a amar o próximo, eis que nossa casa mental é construção nossa e de mais ninguém. A felicidade, a tranquilidade, a paz, dependem de nós, tanto quanto a tristeza, a expiação, os sofrimentos são frutos de nosso plantio, mas nossa casa é sempre edificada por nós mesmos; valendo aqui o ensinamento de um filósofo francês: "Tu te tornas eternamente responsável por aquilo que cativas" (A. Saint Exupéry – *O Pequeno Príncipe*).

O homem deve compreender que a reforma das instituições tem de começar no íntimo de cada um. Por isso nos disse Sócrates: "Conheça a ti mesmo". Não se muda o mundo sem se mudar o ser humano, razão por que sempre questionamos que nenhum regime, seja militar, monárquico, despótico ou ditatorial deu certo, nem mesmo a República e democracia. Isso significa que enquanto o homem não fizer sua reforma íntima, mudar sua casa mental, jogar o homem velho fora, o corrupto, o egoísta, o vaidoso, o cruel, o falso, o sensualista, para que surja o novo homem manso, humilde, dotado de virtudes, ele não terá feito a reforma de sua casa mental. Somente uma solução é capaz de mudar tudo, começando pela mudança de cada um.

Mesmo com a reencarnação – embora produto da Justiça Divina, para o resgate de nossos débitos, para a expiação, em forma de sofrimento, em razão do sofrimento que causamos em nossos semelhantes em nosso pretérito escabroso –, por mais que tenhamos nascido e morrido, nossa melhora é quase que insignificante, pois dois mil anos de Cristianismo, ou seja, da Lei de Amor, trazida pelo nosso querido e meigo Carpinteiro de Nazaré, ainda não fez nascer em nós o verdadeiro amor. A solução, única, é a reeducação e o direcionamento de nosso livre-arbítrio no bem. Aí, sim, está o nascer de novo. Caso contrário, enquanto o homem não compreender que necessita mudar o divisor da vida, dar uma parada contra o mal, para sempre, continuamos com nossos defeitos morais, nossa falta de evolução, mesmo diante dos sofrimentos, das doenças terríveis.

O homem deve fazer sua reforma íntima, com urgência, ou seja, ser manso, tolerante, paciente, calmo, justo, trabalhador, honesto, dotado de virtudes, indulgente para com os defeitos alheios e extremamente severo com suas faltas e falhas. Deve sentar no pé da cama todas as noites e em silêncio buscar seus defeitos, confessá-los em nível de consciência, dizer de si para si "Eu não presto, tenho todas as falhas, sou portador de todas as antivirtudes". E, aí, sozinho, frente a frente com o espelho d'alma, mediante golpes de meditação, lutar diuturnamente contra suas imperfeições, com total renúncia do homem velho. Não haverá mudança na Terra sem isso, pois cada um é um mundo próprio. Tanto é verdade que quando alguém muda para melhor dentro do lar, todos mudam, pois fomos criados para a busca da felicidade e seremos felizes quando plantarmos a felicidade em nosso coração, falando o bem, fazendo o bem, pensando o bem, desejando o bem, pregando o bem, testemunhando o bem, pois o bem vem do Pai e é mais feliz aquele que espalha maior quantidade dessa parcela Divina do Amor Celestial, colocado em nosso coração pelo Nosso Pai.

Diante dessas verdades, lembrando-nos do "quem tiver sem pecado que atire a primeira pedra", podemos afirmar que ninguém é suficientemente bom para julgar os maus, humilde para julgar os orgulhosos, caridoso para julgar os egoístas, sábio para julgar os ignorantes, sincero para julgar os falsos, justo para julgar os injustos, forte para julgar os fracos, grato para julgar os ingratos, puro para julgar os pecadores e fiel para julgar os que desertam dos deveres. Na verdade, ninguém é suficientemente perfeito para exigir dos outros o que ainda não realizou dentro si, razão pela qual fazemos parte do mesmo orbe, ou seja, da mesma morada.

Para o preso, na grade superlotada, em que a universidade do crime é perfeita, nós receitamos mais sofrimento. "Eis que lugar de preso é na cadeia", dizemos sempre e nada fazemos para melhorar o mundo deles e nem somos capazes de procurar a origem de sua criminalidade, seu histórico, pois outro histórico criminoso e omisso é o nosso porque não buscamos o preparo de nossas crianças pela religiosidade, pelo aprendizado ou pela ocupação escolar. Portanto quem é omisso? Apesar de nada fazer, ainda cobramos responsabilidade de nossos governos. Onde se encontra o governo de nosso amor, já que amor é proteção?

Comecemos pelos caminhos da nova existência, ou seja, pela reencarnação, em que a criatura, buscando outros hábitos, vai expurgando o passado infeliz e, com seu próprio esforço e a ajuda de Deus, conquistando sua autorrealização, direcionando seu livre-arbítrio na rota do eterno bem.

Não há evolução sem o nascer de novo, pois a nossa cultura é cumulativa. Aprendizado soma aprendizado. Não é mais a religião que afirma a existência após a morte. Tanto é verdade que Carrington, Price, Soal, Tischer e tantos outros cientistas lecionam que a mente humana sobrevive à morte do corpo e exerce influência sobre o mundo material e sobre as criaturas humanas.

Conquanto a reencarnação seja um fato incontestável e até mesmo uma justificação de toda a problemática das desigualdades humanas perante a Justiça Divina, não se deve valorizá-la exageradamente, porque mais importante do que o renascimento físico é a renovação espiritual do homem. Em outras palavras, Deus sabe que não amanheceremos puros ou santos, então o que Ele espera de nós? Espera nosso esforço, nossa luta contra as nossas imperfeições e invigilâncias. Vez que a referida renovação pode operar em qualquer plano, independentemente da volta ao mundo material, principalmente quando se trata de espíritos já dotados de elevado nível de livre-arbítrio, observada, porém, a limitação dele.

Assim, nenhum poder sacerdotal, de ministro evangélico, de guru espiritualista ou de médium espírita nos pode fazer melhores, mas apenas a nossa luta individual pela reforma íntima. Revitalizando o ensinamento de Sócrates: "Conheça a ti mesmo"!

Como é difícil a evolução, nossa reforma íntima, ser bom, ser puro, como é quase impossível ser o tempo todo caridoso e amar ao próximo, com renúncia de nosso personalismo, de nosso orgulho, de nosso egoísmo! Amar o inimigo, recomendação da Lei de Amor de Nosso Senhor, é quase impossível para nós no estágio evolutivo no qual nos encontramos. Somente com a ajuda de Nosso Pai e observando as recomendações de seu Divino Filho é que conseguiremos alguma melhora.

Conviva com determinada pessoa por um período não necessariamente longo e logo verá de quantas imperfeições ela é portadora. Daí o motivo da dificuldade de relacionamentos entre amigos, companheiros, namorados, marido e mulher. Tais relacionamentos são duráveis se houver amor, afinidade e renúncia, sem esperar do outro a mesma coisa, pois onde houver cobrança, posse, dominação, dificilmente haverá bom relacionamento.

Podemos afirmar, sem medo de errar, que a atual humanidade ainda é fruto de uma encarnação de cunho animalesco, daí as suas misérias tanto morais quanto físicas e até mesmo a morte física.

Basta dizer – segundo constam nossos registros históricos – que a Terra nunca passou um dia sem guerra e as piores foram de cunho religioso. Hoje, com todo avanço tecnológico, com milhares de religiões, ainda temos inúmeras guerras no planeta, isso sem atentarmos para as guerras da violência urbana, no trânsito, nos hábitos sociais, nos vícios, no relacionamento, de todas as formas.

Concordamos com o ilustre mestre Rohden, quando afirma: "Enquanto tivermos de nascer e morrer, não possuímos ainda a plenitude do viver. Só um corpo de luz, indestrutível, é que nos isentará de nascimentos e mortes e nos garantirá a vida eterna".

Ainda, o consagrado Rohden, citando um grande pensador: "Deus nos fez o menos possível, para que nós nos tornássemos o máximo possível". O mesmo ficou dito por Nosso Senhor Jesus Cristo, nas Bem Aventuranças: "Sede perfeitos...". E quando se referia ao Universo, assim se expressava: "O Uno Divino (DEUS) na diversidade de todas as coisas (UNIVERSO)".

NÓS, DIANTE DE NOSSA IMPERFEIÇÃO

Recomendamos resignação ao companheiro sem pernas, mas praguejamos ao tropeçar. Pedimos aceitação ao companheiro cego, mas nos irritamos com um cisco no olho. Mencionamos resgate ao companheiro sem braços, mas esbravejamos com uma batida de cotovelo. Lecionamos economia ao companheiro que vive de salário mínimo, mas fazemos greve quando nosso aumento demora. Receitamos calma ao companheiro surdo e nos desesperamos quando perdemos a audição por algumas horas. Pedimos paciência ao companheiro mudo e nos afligimos quando ficamos afônicos. Sintetizando, nunca estamos contentes, pois sempre estamos reclamando, o que nos leva a concluir que a imperfeição reside em nós, pelo nosso egoísmo.

Nossa escravidão é tamanha diante do querer mais, que somos capazes de fazer economia, passar privações para adquirir uma roupa, carros melhores, em função de nosso status social. Isso gera em nós uma prisão. Nunca estaremos contentes, pois ao adquirirmos hoje um produto de grife famosa, isso nos levará a mais sacrifício para a próxima aquisição. Somos tão atrasados que não somos capazes de reconhecer que precisamos de muito pouco para viver. Nada de ordem material é nosso, nem mesmo nosso mortal corpo nos pertence, pois será reduzido a pó. Não somos capazes de acordar para a realidade de que a vida é curta diante da eternidade, de que estamos apenas, temporariamente, residindo numa casa da qual não somos donos, vestindo roupas que não são nossas, usando veículos que não nos pertencem. Nunca paramos para nos perguntar: "O que realmente nos pertence? O que é nosso, já que nascemos nus e não levamos um fio de cabelo para o Plano Extra-Físico?".

A resposta é uma só: somente é nosso aquilo que temos para dar, ou seja, amor, inteligência, caridade, cultura, orientações (valores morais e intelectuais). Eis a nossa verdadeira propriedade; trazemos e levamos quando partirmos. Por que não valorizar o que nos pertence?

Recentemente, a ciência provou que o sono é alimento e, somando-o à água e ao ar, ultrapassa a casa de mais de 85% de nossas necessidades. Assim, um pouco de arroz com feijão, jeitinho brasileiro de viver, acrescido de verduras, frutas, uma galinha pondo ovo no quintal, um pouco de leite, são mais que suficientes para ultrapassarmos os oitentas anos de idade. Surge a célebre pergunta: "Por que se preocupar se há solução para tudo? E quando não houver solução, por que a preocupação?" (ensinamentos de Buda).

Viva o dia de hoje intensamente, não como se fosse o último, mas dotado de orientação sublime, como base para o dia de amanhã e, assim, sucessivamente, pois a tranquilidade advinda da nova filosofia trará a longevidade sonhada, com excelente qualidade de vida.

Lembre-se de que vivemos em função de duas regras: plantio e colheita, que se traduzem em lei de causa e efeito. Plante o bem e o colherá, ajude e será ajudado, cultive o amor e ele o cultivará, cante e escutará a alegria da melodia, faça o bem e ele responderá com o seu bem. Doe flores e reserve o perfume delas para sua alegria da doação. Portanto a sua saúde ou doença serão sempre suas e de mais ninguém.

Quantas espécies de animais temos hoje?

O ZooBank é uma base de dados de nomenclatura animal que ficou recentemente disponível online. Nesse arquivo é possível encontrar cerca de 1,6 milhões de nomes científicos de espécies animais conhecidas. Por enquanto é apenas um protótipo, uma vez que o objetivo é vir a ter catalogados os nomes de todas as espécies conhecidas. Andrew Polaszek, secretário-executivo da Comissão Internacional de Nomenclatura Zoológica e coordenador do projeto, garante que essa é uma condição necessária para que o site seja cientificamente válido.

As designações estão divididas por espécies ou categorias e os internautas podem contribuir inserindo novas nomenclaturas científicas. Quem quiser fazê-lo terá que ir ao site, clicar em *submit name* e preencher um formulário sobre a espécie inserida.

O espaço é mais direcionado para especialistas e estudiosos, uma vez que, para ser acessível ao cidadão comum, faltam-lhe fotografias e os nomes comuns dos animais.

A lista vai sendo completada não só com as contribuições dos utilizadores, mas também com registros já existentes, de que é exemplo o Zoological Record, cujo primeiro volume data de 1864 e que vem sendo digitalizado e inserido nessa base de dados (disponível em: ZooBank – <http://zoobank.com/>; Comissão Internacional de Nomenclatura Zoológica)

Estudiosos no assunto acreditam que esse número pode ultrapassar dez milhões de espécies de animais. E nenhuma é igual à outra.

A ORIGEM DE TUDO

Tentaremos, na presente obra, dar a resposta ou pelo menos aproximarmo-nos da resposta, com nossa mensagem, ou seja, buscar a origem de tudo e seguir a rota da criação e os princípios da evolução, os estágios por que tudo passa, desde o mineral, o vegetal, o animal e o próprio homem. Por que as diferenças?

Desde Aristóteles a René Descartes, os animais continuaram sendo encarados como seres desprovidos de emoção, de alma, do uso da razão, mas dotados de instinto, princípio rudimentar da inteligência. O que não é verdade, vez que os animais seguem uma lei progressiva como a dos homens e é por isso que nos mundos superiores, onde os homens são mais avançados, os animais o são também, tendo meios de comunicação mais desenvolvidos. Mas eles são sempre inferiores e submissos ao homem. São para ele, servidores inteligentes. Não há nisso nada de extraordinário. Imaginemos nossos animais, os mais inteligentes, como o cão, o cavalo, com uma conformação apropriada aos trabalhos manuais; ajudando-nos no aprendizado, poderiam muito nos ajudar.

É de se perguntar: o que foi feito com o homem da pedra lascada, os habitantes das cavernas e nossos primitivos irmãos? Se não houvesse evolução estaríamos lá, nas cavernas, na pedra lascada, na barbárie, praticando o canibalismo. O mesmo acontece com tudo que Deus criou.

Se temos a mesma origem, a África, por que não temos a mesma cor? Os brancos que nascem naquele continente teriam seus descendentes da cor negra? Por sua vez, os negros nascidos em nosso país deveriam ter a nossa cor?

Há, como veremos adiante, uma rota, um roteiro a caminho da luz. Tudo se encaixa nessa rota. Não há privilégios, já que nosso Pai é todo Justiça. Tudo o que Ele criou segue Seu grande amor para a pureza, para o infinito, tanto a inteligência quanto o amor não tem fim.

Assim, quando pesquisamos a evolução não podemos separá-la da ciência, da religião e nem mesmo da filosofia. Na verdade, poderíamos dizer a ciência do amor, a religião do amor e a filosofia do amor, já que tudo se universaliza diante do Criador. Cientista, filósofo ou religioso algum será capaz de explicar a evolução num todo, sem a soma das três, pois terá pela frente um muro intransponível, como acontece até o presente momento, isolando-se cada uma na sua área, o que dificulta o trabalho milenar de cada uma das correntes. Em nosso insignificante estudo não desprezaremos nenhuma delas e nem qualquer informação, pois vivemos aprendendo e morremos sabendo pouco ou quase nada.

Nossa linha de pensamento é focada nas orientações sentidas pelo cientista Marcelo Gleiser, físico, em entrevista à *Folha Ciência*, ed. A-17, de 30/6/05, que assim se expressou: "Os cientistas costumam apregoar que a ciência veste o manto da imparcialidade. Mas os mecanismos pelos quais ela pode ser administrada sob a forma de tecnologia apresentam falhas e a neutralidade científica é quase uma utopia". O entrevistado admitiu que não considera suficientemente transcendente a busca pelos segredos da natureza pela ciência. Mas confessou já ter tido muitas oportunidades de celebrar as diferenças entre racionalismo científico e crenças de outras esferas do pensamento humano.

NOSSA ORIGEM, PARA MUITOS

A tradição bíblica nos mostra, na primeira parte do Gênesis, como Deus, depois de criar as outras espécies, fez o homem à Sua imagem e semelhança. Não podemos nos esquecer de que a Bíblia, nome coletivo de livros, tem dois momentos: um, humano (Velho Testamento), ali sobrando de ordem Divina apenas os Dez Mandamentos, e outro, a chegada da Lei de Amor ou Novo Testamento, de Nosso Senhor Jesus Cristo.

Recentemente, foi encontrado um crânio, pedaços de mandíbulas e dentes com sete milhões de anos, constituindo uma nova espécie, a *Sahelanthropus tchandensis*. Ela deu origem ao *Australopithecus afarensis* que, por sua vez, evoluiu ao *Paranthropus robustus*, ao *Homo habilis*, até chegar ao *Homo erectus*. Linhagem cheia de dúvidas, interrogações, querendo acreditar que o homem seja descendente do macaco, o que é cientificamente impossível, já que do cruzamento de macacos nascem macacos e de homens, nossos irmãos. O macaco – que se acredita ter mais de sete milhões de anos –, como num passe de mágica, por volta de aproximadamente 150.000 anos, muda sua origem, gerando seres humanos, fato impossível diante da ciência. Não queremos dizer com isso que não tivemos nosso estágio entre os primatas, quando ali estacionamos por milênios, mas naquela condição.

Tanto é verdade que no ano de 2002, os cientistas da paleontologia quiseram acreditar que o *Sahelanthropus tchadensis*, em sua condição fóssil de um antepassado dos gorilas, fosse a última ligação do homem e seu passado, dada a sua condição craniana-facial, mandíbula e formação craniana. Isso nos leva a crer que seria o último elo na separação evolutiva, ou seja, na bifurcação da dita evolução, um ramo resultou no *Homo sapiens* e outro seguiu a rota dos chimpanzés. Aqui afirmamos que cada ser, seja mineral, vegetal ou animal, tem seu compromisso evolutivo no estágio em que se situa. Não há milagres ou privilégios de qualquer sorte na natureza. Tudo segue uma rota perfeita, sem violência ou solução de continuidade.

A própria natureza não tem pressa alguma, mas possui leis imutáveis no tempo e no espaço, e que são as mesmas para todos nós, embora qualquer ser, conforme afirmamos, não muda de estágio ou de evolução sem terminar seu compromisso naquela faixa vibratória, seja a energia primitiva nos minerais, o fluido vital nos seres vivos e a razão no ser humano. Assim, podemos afirmar que cada espécie tem seu período de evolução, ou melhor, enquanto não concluir todo seu compromisso evolutivo naquela espécie, seja mineral, animal, até mesmo hominal, não pertencerá a outra espécie.

Agora, quando e como isso acontece, ninguém tem condição de afirmar, nem mesmo em pensamento, já que tudo é elaborado sob a tutela de Deus. Portanto o macaco, de uma hora para outra, não se transformou ou originou a humanidade. Ele não é o último elo evolutivo no reino animal, já que o homem é o termo máximo da evolução. Por mais que o homem queira, por mais que a ciência humana trace possibilidades, mesmo buscando na paleontologia ou em qualquer outro ramo da ciência, mesmo na análise do DNA, poderá encontrar o elo, mas, como veremos adiante no que realmente aconteceu na humanidade, o macaco apenas emprestou sua vestimenta para a chegada do homem, sem deixar de ser macaco, e continua até hoje nessa condição.

No estudo da evolução planetária, do protozoário até o homem, para atravessar essa viagem são gastos um bilhão e quinhentos milhões de anos, de espécie em espécie, mas ninguém tem poder ou conhecimento suficiente para registrar quando ocorre a mudança de uma espécie em outra, somente nosso Pai Celestial.

A própria ciência nos diz: "Que melhor exemplo de transição poderíamos encontrar do que o mais antigo humano, o *Australiopithecus afarensis*, com seu palato simiesco, sua postura humana ereta e sua capacidade craniana maior do que a de qualquer símio do mesmo tamanho de corpo, mas mesmo assim com mil centímetros cúbicos a menos do que a nossa? Se Deus fez cada uma das seis espécies descobertas nas antigas rochas, por que as criou imitando a evolução? Só para testar nossa fé?".

Perdoe-nos a ciência, mas pelo menos aqui não podemos concordar com referido pensamento. Ela considera o *Australiopithecus afarensis* como o mais antigo humano, mas como o *Homo sapiens* surgiu na Terra há apenas pouco mais de 150.000 anos, enquanto a espécie referida data de 4.000.000 de anos? Agora, dizer que houve uma grande preparação fisiológica, orgânica, no gorila, para vestir o ser humano, emprestar-lhe o corpo, já que o mais completo na linhagem dos animais não podia e nem pode surgir espontaneamente, aí, sim, temos a lógica de todo processo evolutivo, no que se refere à chegada do ser humano na Terra.

O melhor a fazer é não ignorar as controvérsias entre evolução e criação, pois essas teorias ainda não resolveram a solução da evolução, já que o assunto da origem da vida e dos protozoários e metazoários, e mesmo dos reinos mineral e vegetal, não está cientificamente resolvido, dado que ninguém, em sã consciência, pode dizer: "Temos a evolução química, a evolução das espécies, tudo foi explicado, não precisamos de uma criação especial ou debate, congressos, consultas ao mundo da ciência em torno dela (evolução), é assunto encerrado". Isso seria um verdadeiro atestado de ignorância, de burrice científica, pois todos (a humanidade inteira) estamos preocupados com a solução.

Ficamos, aqui, com as palavras de Richard Leakey, em seu livro *O povo do lago*: "Os achados fósseis dos antepassados humanos de 15 até 6 milhões de anos atrás são tão poucos que caberiam numa caixa de sapatos". Ainda, do mesmo autor e obra: "A confusão a respeito da origem do *Homo sapiens* surgiu porque o número de fósseis dos grandes macacos é muito pequeno, por razões até hoje desconhecidas. Os fósseis do *Australopithecus*, com 4,3 milhões de anos de idade, são muito semelhantes ao moderno chimpanzé. Ao que tudo indica, os grandes macacos não mudaram muito, mas o *Homo sapiens* teve uma história muita rica".

Em 1997, o Santo Papa João Paulo II aceitou, em nome da Igreja Católica, o trabalho de Charles Robert Darwin, aliando-se, assim, o pensamento religioso à teoria evolucionista, o que não significa, de forma alguma, a solução. Ainda buscamos um pouco de luz com Sir John Maddox, em seu livro *O que falta descobrir*, no qual assim se expressa: "O fato notável é que todas as evidências físicas em termos de evolução humana, até hoje, podem ser colocadas, com espaço de sobra, dentro de um único esquife".

Os orgulhosos caíram por terra ao afirmarem que a escravidão era baseada na inferioridade racial. Ficou claro que não havia uma base científica para afirmar que um ser humano é inferior ao outro. Havia e há diferenças, mas no campo do orgulho, que resultam em sofrimentos das minorias. Daí o presente estudo para dizer da impossibilidade da evolução sem a observância em seu tríplice aspecto: científico, filosófico e religioso.

Tanto é que o mesmo aconteceu quando encontraram o índio na América, por crerem que se tratava de um ser desprovido de alma; inclusive, foi editada uma bula pelo papa Paulo III, em 1537, para tratar do assunto. Acreditavam que se tratava de um ser desprovido de alma, ou seja, mais uma espécie animal, o que não é verdade, conforme veremos na presente obra.

A ALMA HUMANA E A DOS ANIMAIS

Quanto mais o homem é inferior, mais os laços entre o espírito e a matéria são apertados. Aproximando-o do ponto de partida, ou seja, da animalidade, verificamos seres humanos piores que os animais, mas têm o uso da razão e a qualquer momento podem se libertar de sua inferioridade, pois têm a inteligência, o tribunal da consciência, o uso da razão e o livre-arbítrio para tanto. Portanto, o homem não tem duas almas como muitos pensam, a alma é sempre única em cada ser. A alma do animal e a do homem são distintas uma da outra, de tal sorte que a alma de um não pode animar o corpo criado para a outra e vice-versa.

Mas se o homem não tem alma animal ou que, por suas paixões, coloque-o ao nível dos animais, tem seu corpo que o rebaixa, frequentemente, até eles, porque seu corpo é um ser dotado de vitalidade que tem instintos, porém, ininteligentes e limitados ao cuidado de sua conservação e, devido à ausência de evolução moral, promove a atuação do ser no campo da animalidade. O Espírito, encarnando-se no corpo do homem, traz-lhe o princípio intelectual e moral, que o torna superior aos animais. As duas naturezas presentes no homem dão às suas paixões duas fontes diferentes: uma provém dos instintos da natureza animal e a outra das impurezas do Espírito, do qual ele é a encarnação e que se afina mais ou menos com a grosseria dos apetites animais. O Espírito, purificando-se, liberta-se pouco a pouco da influência da matéria, sob a qual ele se aproxima da brutalidade.

Em outras palavras, quanto mais materialistas, mais egoístas, menor evolução moral e pouco ou quase nenhum amor. Liberto dessa influência, pouco a pouco ganha virtudes, que promovem sua elevação para alcançar a verdadeira destinação. Assim, o homem é o único artífice da sua evolução. Ele tem que alcançar a luz, fruto de sua vontade direcionada para tanto e de ninguém mais, já que ser algum foi criado perfeito, o que seria uma gritante injustiça.

A METEMPSICOSE

Iluminando o assunto, ensina-nos Kardec: "A metempsicose seria verdadeira se entendêssemos por essa palavra a progressão da alma de um estado inferior para um estado superior, onde ela adquirisse desenvolvimentos que transformassem sua natureza. Ela, porém, é falsa no sentido de transmigração direta do animal no homem e reciprocamente, o que implicaria a ideia de uma retrogradação ou fusão. Ora, essa fusão, não podendo ocorrer entre os seres corpóreos das duas espécies, é um indício de que elas estão em graus não assimiláveis e que deve ocorrer o mesmo com os espíritos que as animam. Se o mesmo espírito pudesse animá-las alternativamente, seguir-se-ia uma identidade de natureza, que se traduziria pela possibilidade da reprodução material".

A reencarnação ensinada pelos Espíritos está fundada, ao contrário, sobre a marcha ascendente da natureza e sobre a progressão do homem na sua própria espécie, o que não tira nada da sua dignidade. O que o rebaixa é o mau uso que ele faz das faculdades que Deus lhe deu para seu adiantamento. Qualquer que seja a antiguidade e a universalidade da doutrina da metempsicose e os homens eminentes que a professaram, prova que o princípio da reencarnação tem suas raízes na própria natureza. Esses são, pois, antes argumentos a seu favor do que contrários. O ponto de partida do Espírito é uma dessas questões que se prendem ao princípio das coisas e estão no segredo de Deus. Não é dado ao homem conhecê-las de maneira absoluta e ele não pode fazer, a esse respeito, senão suposições, construir sistemas mais ou menos prováveis. Os próprios espíritos estão longe de conhecer tudo. Sobre o que eles não sabem podem também ter opiniões pessoais mais ou menos sensatas.

É assim, por exemplo, que todos não pensam a mesma coisa com respeito às relações que existem entre o homem e os animais. Segundo alguns, o Espírito não alcança o período de humanidade senão depois de ser elaborado e individualizado nos diferentes graus dos seres inferiores da criação. Segundo outros, o Espírito do homem teria sempre pertencido à raça humana, sem passar pela experiência animal.

TUDO CAMINHA PARA A PERFEIÇÃO

O primeiro desses sistemas tem a vantagem de dar um objetivo ao futuro dos animais que formariam, assim, os primeiros elos da cadeia dos seres pensantes.

O segundo está em conformidade a dignidade da pessoa humana e pode se resumir assim: as diferentes espécies de animais não procedem intelectualmente uma das outras pela via da progressão. Assim, o espírito da ostra não se torna sucessivamente o do peixe, da ave, do quadrúpede e do quadrúmano. Cada espécie é um tipo absoluto, física e moralmente, haurindo cada indivíduo na fonte universal a quantidade do princípio inteligente que lhe é necessário, segundo a perfeição dos seus órgãos e a obra que deve cumprir nos fenômenos da natureza e que, em sua morte, volta ao fluido cósmico universal (hálito de Deus). Os dos mundos mais adiantados do que o nosso são igualmente habitados por raças distintas apropriadas às necessidades desses mundos e ao grau de adiantamento dos homens, dos quais são auxiliares, mas não procedem absolutamente dos da Terra, espiritualmente falando. Não ocorre o mesmo com o homem, do ponto de vista físico. Forma, evidentemente, um elo da cadeia dos seres vivos, mas, do ponto de vista moral, entre o animal e o homem, há a solução de continuidade. O homem possui sua própria alma ou espírito, centelha divina que dá o senso moral e um valor intelectual que falta aos animais, e é nele o ser principal, preexistente, sobrevivente ao corpo e que conserva sua individualidade.

É imperioso entender que a Natureza é perfeita, é imutável nos princípios de suas leis. Assim, cada ser, até mesmo os inorgânicos, tem a sua evolução programada e que sempre segue a mesma orientação dentro da referida programação. Um animal, vegetal ou até mesmo um mineral não muda seu estágio evolutivo de um momento para outro, num passe de mágica, contrariando essas leis. Na presente obra esse assunto será abordado com mais detalhes.

CADA SER TEM SUA CULTURA PRÓPRIA

O João-de-barro, programado geneticamente para edificar sua casinha, que de geração em geração continua a mesma, bem como o macaco, na utilização de gravetos para buscar seu alimento, mostram-nos um sentido de cultura própria de cada espécie.

Assim, sempre que uma ave atingir a evolução do João-de-barro apreenderá sua evolução, construindo sua morada pela maneira que acumulou no aprendizado anterior próprio de sua espécie. Aqui, uma pausa para dizer que nenhum cientista do universo é capaz de precisar o momento exato da transição, ou seja, quando uma ave de evolução inferior ao João-de-barro nele se transforma.

Uma espécie inferior não terá a mesma desenvoltura para absorver a evolução de outra mais evoluída, o que significa que cada espécie terminará sua evolução com o compromisso daquela espécie, sem qualquer pulo. Ao observar cada espécie, seu comportamento, seu habitat, sua vida social, entenderemos o significado da evolução de cada uma delas.

Como não poderia ser de outra forma, o mesmo acontece com a espécie dos símios, quer sejam chimpanzés, gorilas e assim por diante. Cada um tem a evolução compatível com a sua espécie até assimilar toda cultura dela, que constitui seu compromisso. Enquanto não acrisolar total conhecimento da espécie dela não sairá, seguindo lentamente milênios afora, homeopaticamente, a trajetória, sem nada mudar, até concluir todas as etapas evolutivas compatíveis com a espécie a que pertença.

Recentemente, a *Folha de São Paulo*, em "Folha Ciência" (07/06/2005, pág. A-17), trouxe a seguinte informação: "Quem não tem mão, caça com esponja. Pelo menos é o que fazem os golfinhos nariz-de-garrafa, segundo um grupo internacional de pesquisadores. As mães aparentemente ensinam as filhas como usar esponjas marinhas para obter comida. Moral da história: golfinhos desenvolvem e usam ferramentas". Continua a reportagem: "O mais interessante de tudo é que, aparentemente, a 'cultura de esponja' dos golfinhos é passada apenas de mãe para filha, não dentro de uma comunidade". É de se perguntar se todas as espécies de golfinhos têm o mesmo comportamento, se a cultura é a mesma ou se esse tipo de golfinho aprendeu mais, evoluiu mais, e está num estágio superior aos da sua espécie.

O *Cetáceo odontoceto* (famílias dos delfinídeos, platanistídeos e estenídeos) trata-se de um mamífero aquático e, nessa sua condição, já é no reino animal uma espécie bastante evoluída, mas dentro de sua espécie encontraremos, como no exemplo citado, uns mais evoluídos que os outros, até que concluam a evolução total compatível com a sua espécie e sua cultura própria. Mesmo comparando o peso relativo de seu cérebro com o humano, temos o percentual de 0,66% do peso do corpo; o elefante, 0,12%; o homem, 1,93%.

Somente para ilustração de nosso pensamento, os delfinídeos somam 14 gêneros e 32 espécies, sobretudo os das espécies *Delphinus delphis* e *Tursiops truncatus* e cada espécie tem sua cultura própria que a caracteriza. A referida reportagem assim arremata o assunto, isso segundo o pensamento do biólogo da USP, César Santos: "Acho que esse novo estudo é o começo de uma nova onda de discussões a respeito do assunto, porém agora com muito mais embasamento, pois a famigerada genética entrou no páreo" (razão de nosso estudo, a evolução somente será perfeita quando observada em seu tríplice aspecto: científico, filosófico e religioso).

O João-de-barro há milênios continua com sua cultura própria que o identifica, pois sua casa é feita visando à proteção dos filhotes, orientada no sentido da chuva, observando sua direção, que muda de temporada em temporada, já que a natureza tornou-se atípica, tratando de evitar que seja alagada e com isso assegurando a sobrevivência de sua prole. É de se perguntar quem o ensinou a fazer assim, de onde veio sua cultura, por que os demais pássaros não agem da mesma maneira. Exatamente em função da cultura de cada espécie que lhe é própria.

Ainda sobre o João-de-barro, ele não suporta a traição, sendo capaz de fechar a fêmea adúltera dentro da casinha, até a sua morte. Onde aprendeu esse comportamento? Tudo é próprio de sua cultura, da espécie a que pertence. Os demais pássaros não têm essa conduta, já que cada um tem sua evolução, sua cultura.

Nenhum pássaro constrói uma casa idêntica a do João-de-barro, mas de degrau em degrau evolutivo todos os pássaros de espécies inferiores evoluirão até alcançarem a espécie da referida ave, mas não sabemos informar quando ocorre a mudança evolutiva ou quando termina o compromisso evolutivo de cada espécie.

Ao analisarmos cada espécie, concluiremos – pela cultura que lhe é própria, produto de vivência durante milênios, aperfeiçoando o conhecimento, sem mudar a própria cultura – que é repetitiva, pois somente a cultura humana é cumulativa.

O modo de ser, ou seja, a cultura humana, em razão do pensamento ininterrupto, testifica-lhe a evolução, diferentemente de todos os demais seres da natureza, por ser o último elo da criação Divina e, assim, o mais perfeito, portador do somatório de toda evolução ocorrida desde o mineral. Agora, a mentossíntese manipula o princípio inteligente, assimilando as ideias alheias, em razão da permuta dos fluidos multiformes (cultura cumulativa). Ontem, impulso, via instintos, hoje, consciência. Anseio genésico na perpetuação da espécie transforma-se em atração afetiva, nascendo o amor. O sexo deixa o corpo físico e busca o espírito. O sexo marca o último elo da evolução humana, divisor das sensações físicas, antes da santificação do ser. Ontem, na animalidade, império dos instintos, agora na mentossíntese, sintonia do amor, ficando no comando da razão e, portanto, da consciência. E o amor mede a evolução humana no princípio do amar e ser amado, já que os primeiros aprendem a amar com Deus e, os últimos, aspiram ser amados, na condição egocêntrica, pela função criadora que o sexo exerce, sendo inerente à sua natureza gerar cargas magnéticas, por se tratar de fonte da vida e de compromissos de elevada responsabilidade.

Se na santificação o ser humano não tem compromisso sexual, ele buscou essa cultura no momento certo de sua evolução, quando sentiu na monogamia que o companheirismo, a lealdade com a companheira ou companheiro lhe faz bem na constituição de forças ideais para as grandes obras do coração. A fidelidade nos ensina e nos prepara para os grandes estágios do coração e da inteligência, isentos dos sentimentos de culpas, suscitando a extensão do amor santificante, para buscar na fonte Divina do Amor Universal, os momentos de glória espiritual.

Busquemos os ensinamentos de André Luiz, em *Evolução em dois mundos* (F. C. Xavier, pág. 174): "Examinando o instinto sexual em sua complexidade nas linhas multiformes da vida, convém lembrar que, por milênios e milênios, o princípio inteligente se demorou no hermafroditismo das plantas, como, por exemplo, nos farerógamos, em cujas flores os estames e pisitilos articulam, respectivamente, elementos masculinos e femininos".

Nas plantas criptogâmicas celulares e vasculares ensaiara longamente a reprodução sexuada, na formação de gametos (anterozoides e oosfera), que muito se aproximam aos dos animais e cuja fecundação se efetua por meios análogos aos que observamos nesses últimos seres. Depois de muitas metamorfoses, que não cabem num estudo sintético quanto o nosso, caminhou o elemento espiritual, na reprodução monogônica, entre as vastas províncias dos protozoários e metazoários, com a divisão e gemação entre os primeiros, correspondendo à cisão ou estrobilação entre os segundos. "Longo tempo foi gasto na evolução do instinto sexual em vários tipos de animais inferiores, alternando-se-lhe os estágios de hermafroditismo com os de unissexualidade para que se lhe aperfeiçoassem as características na direção dos vertebrados". Completa, o referido autor: "Isso ocorre porque o instinto sexual não é apenas agente de reprodução entre as formas superiores, mas, acima de tudo, é o reconstituinte das forças espirituais, pelo qual as criaturas encarnadas ou desencarnadas se alimentam mutuamente, na permuta de raios psíquico-magnéticos que lhes são necessários ao progresso".

A mudança da cultura ocorre quando houver mudança de espécie, pois enquanto não ocorrer referida evolução não haverá a mencionada mudança. A natureza é perfeita, guarda todos os elos da evolução, sem qualquer privilégio, desde o insignificante seixo que rola ao homem. E com o homem ele atravessará milênios, preparando-se para a evolução santificante, já que o Santo teve sua santificação no bem, na renúncia, no amor ao próximo e, acima de tudo, na caridade constante, que também são culturas elevadas conquistadas com muito suor e sacrifício.

Procuremos viver em contato mais íntimo com a natureza e encontraremos em cada espécie animal uma cultura própria, que a caracteriza. As abelhas têm sua organização, homogênea, quase perfeita, superior à sua condição de inseto, porém diferente da cultura dos cupins. Os cupins são organizados, cada um com tarefa própria, com mais de duas mil espécies conhecidas, com machos, fêmeas, soldados, rainhas, operárias. Por sua vez, o nome abelha vem associado à ideia de mel. Tanto é verdade que o pai da nomenclatura zoológica, Linnaeus, denominou a abelha de *Apis mellifera*. Elas possuem classes sociais ou castas: operárias, rainha, zangão com funções específicas. Cada espécie de abelha tem uma cultura própria: a jataí-da-terra faz seu ninho nos cupins, paus podres; há espécies, como as arapuás, que fazem seus ninhos em cachos nas paredes, e outras, como as abelhas-limão, vivem de saques das colmeias. Temos também a abelha silvestre africana, bastante agressiva. O mesmo acontece de animal a animal. A pomba do bando, por exemplo, talvez seja o mais preguiçoso dos pássaros, pois seu ninho é apenas um amontoado de pequenos gravetos, toscamente trançados, sem a menor proteção para seus futuros filhotes, vítimas de aves predadoras dadas à ociosidade das mães e ao quase abandono por falta de proteção. As mulatas e os periquitos procuram buracos em grandes árvores para ali depositarem seus ovos. Por sua vez, as araras procuram as copas dos coqueiros, fazendo ali seu ninho. As tartarugas cavam na areia, ali depositam seus ovos, cobrem-nos e seguem sua jornada sem olhar para trás.

Poucas pessoas sabem que temos na Terra 2.500 espécies de ofídios, com culturas próprias; entre nós temos a Caninana (*Colubridae agliphos*), não venenosa, a Cascavel (*Crotalus terrificus*), venenosa, a Caiçara ou Jararaca (*Lachesis atrox*), também venenosa. Como explicar tamanha diversidade entre os ofídios? Por que cobras venenosas letais e outras mansas? A explicação não pode ser dada a não ser pela evolução, que corresponde ao estágio que cada ofídio tem que passar.

Busquemos, a título de ilustração, a cultura da Cutia, mamífero roedor da família dos cavídeos. Umas espécies têm hábitos noturnos, vivendo isolada em tocas durante o dia para saírem à boca da noite em busca de alimentos; já a cutiaiá ou cutia-de-rabo, que vive na Amazônia, sai somente de madrugada, sua cultura é identificada, trazendo, também, características corporais diferentes.

No reino vegetal temos a Dália, planta da família das teráceas, gênero Dahlia, cuja flor tem o mesmo nome. Hoje, os botânicos já conseguiram mais de 3.000 variedades, inclusive a gigante holandesa, produzida geneticamente pelo processo de hibridismo, produzindo um óleo essencial, a inulina, e seu princípio amargo, a dalina, planta com função ornamental.

Com isso queremos dizer que a evolução preconizada por Charles Robert Darwin é orgânica/fisiológica – síntese de sua monumental obra, *A origem das espécies*. Aí se observa a evolução fisiológica, em que a célula germinativa é uma reunião de gêmulas e o verdadeiro poder reprodutivo se encontra no corpo das células, e depois de abandonar diversas teorias seguiu o caminho da seleção natural e menor influência do meio ambiente, tudo dentro do campo da genética. Fundamenta sua teoria na sobrevivência do mais apto, mais forte, que deixam descendentes sadios.

Sem dúvida, é um grande trabalho da humanidade, até agora o maior de todos no campo da evolução orgânica. **Mas nós queremos estudar a evolução completa**, conforme já o dissemos, em todos os aspectos, pois não se pode valorizar a evolução orgânica em detrimento das demais. Como explicar, diante da teoria de Darwin, a diferença entre um cão agressivo e outro dócil, entre uma cobra venenosa e outra mansa, entre uma planta medicinal e outra letal, entre um homem santo e um criminoso? Assim, necessitamos do conhecimento da evolução total. Pois é da Lei Divina a evolução perpétua. Tanto é verdade que somos bem melhores hoje que há vinte, cinquenta anos, e seremos sempre melhores, pois sentimos necessidade do crescimento evolutivo.

Vale aqui registrar o comportamento dos ipês. Por maior que seja o período de estiagem no Centro-Oeste e mesmo no semiárido do Nordeste, referidas árvores ficam totalmente coloridas, umas roxas, outras amarelas e brancas, vestindo a natureza com maior beleza que Salomão, em suas vestimentas riquíssimas. Após as queimadas, usual no interior do país, que ocorrem no período de estiagem, o cerrado enegrecido protege-se por recursos que lhe são próprios. As árvores contorcidas criam cortiças protetoras, cascas grossas, os arbustos praticamente desaparecem diante desse quadro desolador, a catuaba se faz presente, florindo a paisagem queimada com seu lírio branco, amarelo. Por que os demais milhares de espécies não têm o mesmo comportamento, não são iguais? Eis que cada espécie tem seu comportamento inerente à cultura evolutiva em que se situa.

A revista *Galileu* (agosto/2005, pág. 15), traz a seguinte matéria: "Guerra dos sexos – Observando chimpanzés no Parque Nacional de Gombe, Tanzânia, a pesquisadora americana Elizabeth Lonsdorf percebeu que, enquanto as jovens fêmeas se preocupam em aprender técnicas de caça com os mais velhos, os machos somente brincam, aprendendo as mesmas coisas posteriormente. Seu estudo foi publicado no 'Journal of Animal Behaviour'".

A *National Geographic* (julho/2007) traz-nos exemplos de culturas: a) Em Pasadena, Texas, caminhões-tanque recebem as rotas de distribuição traçadas por um software inspirado nas formigas, pois elas escolhem rotas boas para os caminhões; b) a Bolsa de Chicago tem por base a coleta de dados obtida pelas abelhas para formação de nova colmeia; c) os xaréus, peixes da ilha Cocos, no Pacífico, seguem regras simples que deixam o grupo em alerta, sempre juntos, evitam colisões, nadam na mesma direção; d) os gnus, no Quênia, seguem rota migratória mesmo que apenas uns conheçam o caminho, sem preocupação de liderança; e) os gafanhotos jovens e inofensivos, amontoados, de repente se alinham e avançam na mesma direção, devastando tudo o que encontram pela frente; f) na Indonésia, vagalumes são capazes de iluminar uma árvore, bastando apenas ajustar as emissões de luz de um ao outro; g) cada rena sabe o momento de correr do seu predador, mesmo que não tenha ideia do motivo; h) na Nova Guiné, a ave-do-paraíso-vermelha mostra sua exuberância nos rituais de acasalamento; i) os nudibrânquios acasalam-se por meio de uma abertura genital que se estende da cabeça à cauda, dotados de órgãos masculinos e femininos, e ambos produzem ovos, fertilizando um ao outro; j) já o H. Kanga usa o visco para fixar uma fita de ovos expelida de seu oviduto lateral; k) o *Halgerda batangas*, a lesma-do-mar, com pele espessa, lança toxina para se proteger de predadores; l) a dançarina espanhola (*Hexabranchus sanguineus*), com apenas um movimento escapa do perigo e é capaz de exibir seu manto de cores contrastantes para confundir seus predadores; m) os leopardos-das-neves, recluso das montanhas, são independentes e se isolam, e dão importância à companhia. Delimita seu território com urina, fezes e até mesmo com esfregões, provocando odor próprio, funcionando eficazmente no acasalamento, tendo por habitat preferido as montanhas da Índia e do Himalaia, inclusive Tibet. Ou seja, cada espécie tem seu comportamento, que lhe é próprio, e nenhum se iguala ao outro.

O mesmo acontece num pomar. Tomemos como exemplo diversas espécies de mangueiras: cada uma produz fruta com sabor diferente da outra. E por que milhares de espécies de verduras? Por que todas as propriedades contidas em uma só espécie? Eis aí o resultado da evolução, de nosso estudo. Cada planta tem sua evolução própria e o homem, o mais completo ser da Natureza, necessita de todas. Sem dúvida alguma, esse exemplo comprova nossa teoria, o que acontece em todos os reinos, até mesmo no mineral, onde encontramos gigantesca diversidade. As frutas são todas diferentes: odores, sabores, suas flores, cada uma com suas características próprias, resultado de sua cultura e, portanto, de sua evolução.

A CULTURA HUMANA

Já a cultura humana é essencialmente cumulativa: uma descoberta soma-se a outra e assim por diante. É chamada pelos psicólogos de teoria da mente, ou seja, o uso da razão, inteligentemente. Para tanto, o pensamento é ininterrupto. Em outras palavras: parou de pensar, morreu, mas apenas o corpo físico. Agora entendemos porque nossos veículos não são iguais aos do início do ano de 1900, nem as demais máquinas e inventos, pois tudo mudou; e mudou sempre para melhor. O mesmo acontece com os humanos. Somos bem melhores que nós mesmos há dez, vinte, trinta ou mais anos. Até mesmo nossa aparência.

Nas pinturas de nossos antepassados observamos muita desproporção nos rostos, orelhas, narizes enormes, principalmente nas cartilagens (excessivamente grandes), pessoas feias. Hoje, na sua grande maioria, os humanos são bonitos, principalmente nossas criancinhas. Visite uma creche e comprovará o que falamos aqui. Acreditamos que o terceiro milênio será povoado de pessoas profundamente belas, física e espiritualmente. Tudo leva a crer que nossos descendentes serão melhores do que nós. Haverá maior princípio de justiça, de bondade, de caridade, maior sobra de tempo para evolução das leis de amor e da própria inteligência. Caminhamos para isso, é conquista nossa, pertence-nos. O homem busca sua liberdade. Ninguém quer ser controlado, monitorado pelos outros, por essa razão os jovens cultuam a liberdade, procurando extinguir o instituto da posse, fonte de sofrimentos.

Sabemos que a nossa querida morada é uma vastíssima oficina de trabalhos e de oportunidades para todos, desde o simples trabalhador na limpeza pública ao mais elevado cientista, pois cada ser é um recado de Deus, tendo tarefas próprias (também em forma de compromisso), já que a palavra acaso não existe no dicionário Divino, e não somente no da Terra, mas em todo Universo, pois a referida paternidade nos alberga a todos, desde o mais simples mineral até o mais importante missionário, desde a menor das moradas até as angélicas.

Em qualquer morada, da mais primitiva até a mais evoluída, em tudo há trabalho, pois o próprio Cristo disse-nos: "Meu Pai trabalha até hoje na criação de novos irmãos e novas moradas".

Aqui, em nosso orbe, o trabalho provê nossas necessidades e aperfeiçoa nosso espírito, razão de estarmos em constante aprendizado; daí a evolução de um ser maior que a do outro no campo do aprendizado. Por outro lado, provendo nossas necessidades, ficamos isentos da fome, livres da miséria, libertando-nos das privações materiais. Portanto é uma verdadeira bênção.

Trabalhando, no aprendizado contínuo, na cultura cumulativa que lhe é própria, o homem desenvolve a sua inteligência, ocupa sua mente, livra-se das quedas morais, tomando parte ativa no progresso coletivo da humanidade, doando sua pequena parcela de contribuição para o crescimento do todo. O trabalho é fonte de aprendizado, portanto de cumulação de cultura, tanto no campo intelectual, quanto no moral, pois pela disciplina que ele nos impõe, ensina-nos a obediência à hierarquia de aprendizado, orienta-nos para o trabalho em grupo, da interdependência. Portanto todas as peças se encaixam. Cada um terá que passar por suas provas, sendo ora empregado, ora patrão, ora rico, ora pobre. E assim, sucessivamente, de prova em prova, de aprendizado em aprendizado, segue na escola e na escala de evolução até passar por todas as provas, expiações e compromissos, até atingir a perfeição, compatível já não mais com a espécie, mas consigo próprio, pois cada ser humano é um mundo à parte, tanto ao nascer quanto ao morrer. Sabedor disso, depende somente dele permanecer neste vale de provas e expiações ou elevar-se a um mundo bem melhor; tudo dependerá dele e de mais ninguém. Eis que repetimos: Céu e Inferno são estados conscienciais.

A CULTURA INDÍGENA

"Quem vem às nossas *rodas* já está habituado com os seres que conosco partilham o círculo: os tambores. Assim como cada integrante da roda, eles recebem a purificação das ervas, entram nas conversas, entoam as canções sagradas e estão sempre presentes, manifestando-se. Abaixo segue este belo texto que recebi e que me sinto honrada em poder partilhar, tão linda é a mensagem desses seres que vêm partilhar conosco a força do trovão, a conexão com o grande Espírito e a sintonia com o pulso da terra. Vibremos nessa sintonia".

Menkaiká

"Assim como os seres humanos, cada tambor tem sua própria voz e vibração. Cada animal e árvore de que o tambor é feito tem sua própria medicina. Seus espíritos são parte do tambor. Para dar voz ao tambor ele precisa ser 'despertado' em cerimônia sagrada. Até a cerimônia, o tambor não deve ser tocado.

Durante a cerimônia o tambor primeiro é dedicado ao Criador Original. O tambor é um objeto sagrado, portanto, quando não estiver sendo usado deve estar envolvido por uma sacola feita de materiais naturais (ex.: 100% algodão, couro de animal). Pendurar o tambor numa parede como um pedaço de arte diminui sua voz e propósito. Você não penduraria um ser humano numa parede para ser admirado e, como o tambor é humano, também não deve ser pendurado como adorno. O tambor sempre deve ser colocado com o lado da pele para cima, quando em descanso, como um sinal de respeito.

Sou a batida do coração da Terra de Mãe e o presente sagrado da Criação. Sou a batida do coração universal dos mundos da luz e da sombra. Ajudo pessoas trazendo-lhes a verdade sobre suas existências. Ponho quem me toca em contato com o Grande Espírito.

Falo com *todas* as pessoas igualmente e pacificamente. Preencho e crio equilíbrio físico, emotivo, mental e espiritual. Sou uma poderosa forma não verbal de comunicação pacífica. Sou a prática da paz. Sou renovação, renascimento e realização. Sou o pulso do Universo. Sou atento, vivo e estou sempre pronto para levar quem me toca a outro estado de consciência. Meu topo representa o céu. Meu fundo representa a terra. Minha costura representa os guerreiros pela paz de quem me toca. Sou a sabedoria antiga dos antepassados. A mão de quem me toca nunca é elevada em sinal de raiva e um tambor grande não deve ser levantado acima do ombro e batido para baixo. A mão de quem me toca não deve ser elevada acima do coração, porque eu já sou a paz.

Libero tensão emocional e fadiga mental. Eu conecto quem me toca com seus ritmos naturais. Relembro a todos que o Grande Espírito está vivo e é sagrado. Quando alguém me toca promove uma sincronia de energia, uma unidade e um propósito comum.

Quando 'alguém ouve o meu som e se alia a esse som, está ao mesmo tempo ouvindo e cantando, recebendo e doando'" (Mitakuye Oyas'in – Thunderbird Woman – First Nation – Canadá)

Quanto valor à simbologia mística do tambor! Eles nem por isso deixam de ser humanos, mas dentro de sua própria cultura evolutiva.

ESTAMOS OU NÃO EVOLUINDO?

A grande maioria acredita que há uma degeneração nos humanos, com grande predomínio do mal, pois a mídia noticia a cada instante crimes hediondos, querendo dizer que estamos piorando a cada dia. Uma guerra segue-se a outra. A intolerância, tanto quanto a violência, não tem limites. Em cada cidade, em cada trânsito, há uma guerra de agressividade. Definitivamente, não acreditamos nessa teoria, mas na de que na Terra nunca houve tanta gente boa como agora. Basta atentar aos fatos seguintes: creches, escolas, alimentação escolar, abrigos, hospitais, clínicas, hospitais psiquiátricos, casas de sopa, albergues, cursos profissionalizantes, universidades, belos programas dos governos, tudo disponível gratuitamente.

Ontem, ou seja, há trinta, quarenta anos, dificilmente se encontrava uma pessoa caridosa; hoje nós as encontramos em todas as ruas, bairros, quarteirões e em inúmeras igrejas, com seus fiéis.

Recentemente, a mídia noticiou um fato interessante, resultado de uma pesquisa de cientistas norte-americanos, que se preparou intensamente, em treinamento nos Estados Unidos, nas escolas e organizações, adquirindo experiências como mendigos, cegos, paraplégicos, saindo depois para o trabalho nas grandes capitais, onde colhiam, como pontos de vantagens, as atitudes de bondade de cada povo, ou seja, a ajuda que o cego obtinha ao atravessar a rua, tanto quanto o paraplégico; a idosa, no supermercado, que deixava cair um pacote no chão e assim por diante. O resultado foi uma surpresa geral: a cidade vencedora foi o Rio de Janeiro que, para o brasileiro, é a mais ou uma das mais violentas do mundo. Concluímos que a pobreza, a dificuldade, o desemprego melhoram o coração humano na solidariedade e que a riqueza promove exatamente o contrário.

Conforme foi dito anteriormente, tudo está em evolução, por ser da Lei Divina. Nada fica estacionário. Há um compromisso de cada espécie com a sua própria evolução. Daí que o homem se enquadra nessa Lei, pois já está na Terra há cerca de 150.000 anos e, por mais forte e saudável que fosse, a sua perspectiva de vida não ia além dos trinta nos. Todos morriam antes, vítimas de acidentes e doenças, e mesmo os inteligentes sofriam limitações próprias do seu grau de evolução.

O homem tinha o remédio perto de si e o desconhecia, trabalhava e não sabia o valor nem a importância do trabalho, não sabia o valor da coletividade e nem do amor ao próximo, portanto era ignorante, bruto e vivia pouco.

As igrejas proliferam, centros espíritas em cada bairro. Quando alguém vê o pastor, o sacerdote, o dirigente religioso, a evolução observa a multidão beneficiada.

A LUTA DO HOMEM DIANTE DA EVOLUÇÃO

O homem caminha lentamente, nascendo, crescendo, trabalhando, repro-duzindo-se, morrendo. Reencarnando, sofrendo, passando por provas e expiações, segue sua romagem terrena a caminho da perfeição. Muitos já alcançaram o estágio da perfeição, tornando-se puros, não necessitando, portanto, da penitenciária do corpo e do estágio terreno.

Sente no seu íntimo que para atingir o progresso há a necessidade de uma luta constante contra suas próprias inferioridades, também chamadas de imper-feições. A cada valor moral agregado na sua inteligência cumulativa, mais próximo da perfeição se acha e sente-se feliz por qualquer progresso alcançado.

O homem tem que seguir sua rota sozinho, produto da sua vontade, pois ele foi criado e dotado de todas as condições para atingir a perfeição. Já dissemos que ele possui a inteligência cumulativa, o livre-arbítrio, o pensamento ininter-rupto e o tribunal da consciência. Atravessou bilhões de anos nos reinos mineral, vegetal e animal, cuja soma ultrapassa a casa de 4,5 bilhões de anos, acumulando instintos, desenvolvendo-os para receber o uso da razão. Reconhece o preço do erro, da queda, a necessidade da reparação, o pagamento dos débitos contraídos.

A sua consciência lhe cobra as faltas, as dívidas, até o completo ressarci-mento. Em outras palavras, a dívida segue o devedor a domicílio até o resgate total. De posse do uso da razão, ou seja, da inteligência, seu pensamento nunca mais é interrompido, nem mesmo dentro do caixão, já que a morte não existe como aniquilamento da vida, mas como extinção da roupagem exterior, já que tudo de ordem material se transforma.

Busquemos um simples exemplo no país junto ao Detran: com apenas três letras e quatro números, uma soma de sete informações, controla-se mais de cinquenta e oito milhões de veículos automotores em circulação no país. Imagine a combinação de bilhões de neurônios em nosso organismo... Com apenas pouco mais de 10% de evolução da capacidade mental, olhem o que já fizemos. Torna-se impossível conceber-se o limite da inteligência e da capacidade de amar de cada ser. O Universo não é o limite e, sim, a Eternidade. A evolução fisiológica é a base para a evolução mental e esta aquinhoa valores santificantes. Em outras palavras, a inteligência e o amor são infinitos.

Dados científicos nos mostram quais os animais destinados às pesquisas, como cobaias. Temos: PRIMATAS – Como as criaturas do reino animal que guardam maior parentesco (empréstimo da roupa física para chegada do homem a Terra) com os seres humanos, são valiosos numa etapa final de teste de drogas antes dos estudos clínicos. Mas são menos usados que os camundongos pela dificuldade de manuseio em laboratório. COELHO – Tem pele e olhos que ajudam a avaliar o efeito que certos produtos teriam no ser humano, por isso é um dos favoritos da indústria de cosméticos. PORCO – Possui órgãos de tamanho e funcionamento similares aos nossos. Possível fonte de tecidos para transplantes (os "xenotransplantes"), caso eles possam ser alterados geneticamente para aumentar sua compatibilidade com o homem. CAMUNDONGO – É fácil de manter e usar em laboratório e têm um genoma notavelmente parecido com o do ser humano (o do macaco também, e o homem não é descendente do rato), o que ajuda a testar uma infinita gama de medicamentos que podem ajudar a saúde do homem. CACHORRO – Por ter muitas doenças parecidas com as do homem, é muito útil na tentativa de compreender essas enfermidades e desenvolver formas de combatê-las.

O uso da célula tronco põe em risco a evolução humana, foco da presente obra (evolução total, física, moral, espiritual), embora tenha grande capacidade de esperança de cura, pois pode se converter em qualquer um dos mais de 200 tipos de tecidos do organismo humano. Assim é a esperança de doenças degenerativas e graves. Mas, por outro lado, vem a evolução moral em choque com o uso do embrião, já que sabemos que é necessário que ocorra a programação no Plano Maior, na restrição perispiritual, redução a menos de um mícron de um corpo espiritual do ser humano, vez que a célula ovo contém o esperma, óvulo, alma e fluido vital. Usar o embrião, mesmo descartável há longo prazo, em laboratórios, não deixa de ser um ato perigoso para nossa evolução.

Clonagem já tem amplo uso na agropecuária

A clonagem animal passou a ser mais conhecida em 1997, quando pesquisadores do Instituto Roslin, da Escócia, anunciaram a clonagem do primeiro mamífero, a partir de células mamárias de uma ovelha. O nascimento de Dolly, como foi chamado a ovelhinha, marcou o início de uma corrida pelo aperfeiçoamento da técnica que, se em humanos cria expectativas que ainda não podem ser satisfeitas, e que esbarra em conceitos éticos e religiosos, em animais e plantas tem apresentado resultados positivos a uma velocidade surpreendente.

A clonagem de animais tem aplicação para a conservação e melhoramento genético. Com fins de conservação, ela serve para implantar bancos genéticos que guardem material de diferentes espécies. Para melhoramento, porque é uma técnica que permite reproduzir de maneira mais ampla, filhos de animais de qualidade superior, como touros e vacas com maior capacidade reprodutiva, ou vacas que produzam mais leite.

Associada à técnica de transgenia, a clonagem animal pode servir, ainda, para produzir nos animais transgênicos substâncias que auxiliem no tratamento de doenças em humanos. Como exemplo, em 1997, os pesquisadores do laboratório PPL Therapeutics, que financia as pesquisas do Instituo Roslin, produziram por clonagem uma ovelha, a Polly, para produzir a proteína sanguínea alpha-1-antripsina, usada no tratamento da fibrose cística, uma doença genética incurável que afeta uma em cada 1.600 crianças de origem caucasiana. Como matéria-prima, os biólogos usaram uma célula tirada de um embrião de uma ovelha. No núcleo dessa célula, enxertaram um gene humano. A seguir, usaram um óvulo de outra ovelha, descartaram o seu núcleo e o substituíram com o núcleo da célula geneticamente modificada. Criaram, assim, uma célula clonada do feto original, que foi introduzida no útero da mãe substituta (de aluguel).

Outras ovelhas, irmãs de Polly, foram programadas para produzir fibrinogeno e proteína ativada C, drogas usadas para impedir a coagulação do sangue.

Aqui, uma matéria interessante publicada na Internet, no site: <www. comciencia.br//>:

"O cientista deve usar a ciência dentro do campo da evolução moral, ética, sem sacrificar nossos irmãos da escala inferior, pois todos têm direito à vida. Moisés, ao receber a Primeira Revelação, a Lei de Justiça, trouxe-nos a Lei de Amor, e lá se achava gravado: 'NÃO MATARÁS'. Busquemos o pai da Genética moderna, Prof. Jerôme Lejeune, que assim se expressou: 'Assim que é concebido, um homem é um homem'. Nos reinos superiores não há morte para sobrevivência, alimentam-se ali de sumos de plantas. Um dia chegaremos lá".

CRIAÇÃO DIVINA

Nosso Pai Celestial continua até hoje criando novas moradas e novos irmãos, numa missão interminável, como tudo feito por Ele é infinito.

Cada ser se encontra num estágio de evolução e recebe, como morada, um habitat proporcional à sua condição evolutiva.

Sabemos da necessidade de se criar mundos de diversas condições evolutivas. O físico, Marcelo Gleiser, na *Folha Ciência* (30/06/05, pág. A-17) assim relata: "O sol é uma estrela trivial – não há nada especial sobre ele – e há na Via Láctea, a galáxia em que nós vivemos, cerca de 200 bilhões de estrelas. O nosso Universo, no horizonte que podemos observar, porque a luz tem uma velocidade finita, tem um raio de 14 bilhões de anos-luz. Só nesse horizonte estima-se que haja centenas de bilhões de galáxias".

Aqui, busquemos André Luiz, em *Ação e reação* (26ª edição, pág. 112): "Sim, nas esferas primárias da evolução, o determinismo pode ser considerado irresistível. É o mineral obedecendo a leis invariáveis de coesão e o vegetal respondendo, fiel, aos princípios organogênicos, mas, na consciência humana, a razão e a vontade, o conhecimento e o discernimento entram em função nas forças do destino, conferidas as responsabilidades naturais que cada ser humano deve possuir sobre si mesmo". Continua o bondoso missionário: "A planta, de começo, jaz encerrada no embrião, e o destino, ao princípio de cada nova existência, está guardado na mente. Com o tempo, a planta germina, desenvolve-se, floresce e frutifica e, também com o tempo, a alma desabrocha ao sol da eternidade, cresce em conhecimento e virtude, floresce em beleza e entendimento e frutifica em amor e sabedoria. A planta, porém, é uma crisálida de consciência, que dorme largos milênios, rigidamente presa aos princípios da genética vulgar que lhe impõe os caracteres dos antepassados, e a alma humana é uma consciência formada, retratando em si as leis que governam a vida e, por isso, já dispõe, até certo ponto, de faculdades com que influir na genética, modificando-lhe a estrutura, porque a consciência responsável herda sempre de si mesma ajustada às consciências que lhe são afins. Nossa mente guarda consigo, em germe, os acontecimentos agradáveis ou desagradáveis que a surpreenderão amanhã, assim como a pevide minúscula encerra potencialmente a planta produtiva em que se transformará no futuro".

EVOLUÇÃO – REGRA GERAL DIVINA

Mas como tudo se inicia na condição primitiva e segue sua rota evolutiva, pois é lei geral o progresso, mesmo que não possamos perceber, a regra é a evolução para se aproximar da perfeição.

Para receber irmãos primitivos, cria-se uma morada primitiva, que também, por sua vez, evolui e segue sua marcha, mudando de condição. Eis que tudo evolui.

Daí, agora poder aceitar a presença de humanos em mundo primitivo, com construções impróprias para a época em que viviam. Melhor dizendo, inteligências incompatíveis com a era por eles vivida, muito acima do normal, ou seja, seres superiores em intelectualidade, com condição moral bem abaixo do nível dos demais. Razão de seu exílio, em função da referida inferioridade moral.

Agora, podemos compreender as construções das pirâmides do Egito, sendo Quéops, com 146,60 metros de altura, a maior delas, tendo em vista que há quase 4.000 anos o homem foi capaz de construir edificação com mais de 50.000 m², de colocar pedras de algumas toneladas a grandes alturas, quando, na época, não existia motor, eletricidade, nenhuma evolução material, mas inteligências vindas de mundos superiores e degredadas a plano inferior, no caso a Terra, em razão de sua condição moral, embora dotados de padrão superior de inteligência no meio em que foram chamados a trabalhar. Mas compromissados em trazer a evolução material, eles também, pela lei cármica, pela reencarnação em sucessivas viagens ao corpo físico, adquirem a evolução necessária para transferência a outro plano mais evoluído.

Assim opera a Lei de Deus, na qual nada fica estacionário, tudo caminha no sentido de crescimento. É da Lei: o homem criado simples e ignorante, dotado do uso da razão, do tribunal da consciência e do livre-arbítrio, inicia sua rota a caminho da perfeição, e terá que passar por muitas etapas encarnatórias, no aprendizado constante, somatório de riquezas, tanto no campo intelectual quanto no moral, até atingir a perfeição compatível com o plano de sua morada, alçando voos maiores sempre que sua evolução se tornar superior ao orbe habitado.

Agora entendemos a Lei Divina, ou seja, a lei de evolução, à qual se sujeitam o mineral, o vegetal, o animal e o próprio homem, inclusive o Anjo – nada lhe escapa, tudo se enquadra na marcha evolutiva. Por isso, não há motivo para preocupação com nossos irmãos imperfeitos, lembremo-nos de que, como nós, que estamos diante da lei de evolução, hoje ou amanhã sentirão necessidade de caminhar e de se libertar ou, melhor dizendo, de se sentirem felizes em jogar fora a imperfeição e iniciarem a luta contra suas próprias inferioridades, na reforma íntima. Cada vitória é uma conquista e cada conquista é uma sensação de prazer por vencer a si próprio, objeto de felicidade.

Busquemos mais um exemplo de evolução orgânica, na microvida diante de uma bactéria especial. Em razão de não guardar semelhança com a ameba e possuindo no lugar da cauda apenas uma radícula, denominada leptótrix, permanece por milênios agarrada a formações rochosas e, ao se deslocar, recebe a morte em grande quantidade para, após esse compromisso citado com a vida, terminá-la e já voltar na condição de algas verdes, dando início ao princípio sexual da reprodução.

Assim, não podemos afirmar que a alga verde seja descendente direta da bactéria leptótrix, pois a referida bactéria teve que primeiro concluir seu compromisso evolutivo em sua própria espécie até o fim, ou seja, último capítulo da evolução orgânica.

Tanto Lamarck quanto Darwin, em seu trabalho de evolução orgânica, situam-se no caminho certo. Estão cobertos de razão, mas não foram capazes, e nem seus seguidores, de dizer quando termina a evolução de uma espécie e quando surge uma nova espécie. Nem mesmo os geneticistas, os fisiologistas, os botânicos e os cientistas, que estudam a vida, sua origem e evolução conseguiram um milímetro do conhecimento espiritual que determina a evolução. Continua nos princípios de funções fisiológicas, expansão, na mudança que ocorre no interior da célula para sua multiplicação ou reprodução, dentro dos mecanismos da química na movimentação ou até mesmo deslocação do núcleo celular e o comportamento do citoplasma, mas não são capazes de informar em seus respectivos estudos a situação evolutiva amparada pelos fenômenos psicossomáticos que estão acima da evolução orgânica, acima da ciência humana, sagrada, suada, pesquisada com ardor, pois o complemento evolutivo está na genealogia espiritual.

A bióloga, Eileen Harris, do Museu de História Natural de Londres, em reportagem de Juliana Tirabochi, na revista *Galileu*, n° 202, mostra-nos o paciente estudo da cientista, comentando o lado fascinante da parasitologia, cuja reportagem assim registra: "O lado fascinante – Os parasitas têm ciclos de vida incríveis e em alguns casos podem até interferir no sistema nervoso dos hospedeiros e alterar seu comportamento. Há uma espécie de platelminto (parasita achatado, como as tênias), a *Lígula intestinallis*, que pode fazer o corpo de um peixe inchar, levando-o a nadar mais próximo da superfície. Isso o torna presa mais fácil de aves como o cormorão ou a gaivota, que são os hospedeiros finais do verme. O platelminto *Diccrocoelium*, em seu estágio larval, espera a ser comido pela formiga e faz o inseto escalar até a ponta de uma folha de grama. Quando as ovelhas pastam, engolem a formiga e, consequentemente, o verme. Também acho alguns nematódeos particularmente bonitos, com fileiras de espinhos, franjas e 'dentes' intricados. E gosto de solucionar problemas, como identificar parasitas para veterinários tentando descobrir por que um animal morreu ou responder a solicitações de pessoas que encontraram parasitas. Costumamos receber mermitídeos que, no verão, depois de uma tempestade, emergem de seus hospedeiros insetos e são encontrados em plantas."

Os nematomorfos, que vivem em água fresca, podem fazer o inseto hospedeiro procurar água quando emergem. Eles aparecem em tanques de água domésticos, piscinas e até tigelas de água de animais de estimação. Assim, temos mais um atestado cientista do comportamento de cada espécie, mesmo na microvida, cada um com sua cultura própria, que o caracteriza.

A ESCALA DOS MUNDOS

Conclui-se, assim, que há uma verdadeira escala evolutiva nas moradas, passando por mundos primitivos, de provas e expiações, de regeneração e mundos felizes.

Mesmo na própria Terra, nem todos os espíritos são enviados aqui em expiação. As raças que conhecemos por selvagens são espíritos saídos da infância e aqui se encontram na escola de aprendizado, em educação, e se desenvolvem ao contato de espíritos mais avançados. Mesmo no meio dos índios ainda encontramos espíritos mais evoluídos na cooperação do crescimento de seus irmãos. Exemplo disso no texto do Cacique Seattle, norte-americano, e suas referências à Natureza, mostrando perfeito entendimento da interação entre a humanidade e o planeta que o acolhe. Outros, por sua vez, defendiam o equilíbrio ecológico, bem como a matança indiscriminada de animais, que praticamente dizimou inúmeras espécies; somente assim procediam, em caráter excepcional, para preservar a tribo.

A seguir, temos as raças semicivilizadas, formadas desses mesmos espíritos em progresso. Por aqui passam na condição de selvagens, como os índios, evoluindo pouco a pouco, depois de longo estágio, alguns conseguindo, depois de períodos seculares, a sua evolução, compatível com o aperfeiçoamento intelectual. Os espíritos em expiação, considerados estrangeiros por já terem vivido em outros mundos, expulsos em razão de sua inferioridade moral, obstinados no mal a insistirem em perturbar os bons de onde viviam, convivendo e vivendo em mundos inferiores promovem o desenvolvimento nesses mesmos planos e resgatam seus débitos via sofrimentos intensos, já que são capazes de promover o progresso fazendo uso de sua inteligência, mesmo porque, como desenvolver raças atrasadas sem o uso da inteligência, de quem é superior nessa condição?

Assim, além de mundo expiatório, de exílio, serve como penitenciária para espíritos rebeldes à Lei Divina. Lutam duplamente contra a perversidade de espíritos atrasados e contra a inclemência da Natureza, já que a evolução é sempre compatível com a morada de cada um, pois assim funciona a Justiça Divina.

Sofrendo na presença de seres imperfeitos, duros, sofrem as dores morais e lutam diante da natureza, que também não lhes é favorável. Aprendizado duplo, portanto.

Se Deus quisesse enfeitar o firmamento, ninguém melhor do que Ele para florir o Universo, mas não, tudo é habitado. Um dia, o homem descobrirá esta grande verdade: nada é inútil na criação Divina, tudo tem objetivo superior. Se necessitamos de 100.000 anos, viajando na velocidade da luz (300.000 Km por segundo) para atravessar a Via Láctea, e de dizer que ninguém conseguiu até hoje identificar o tamanho do Universo, tudo leva a crer, conforme ficou dito, que a inteligência, o amor e a vida são infinitos. Eis que são obras de Deus.

A CONDIÇÃO DA TERRA

Preparamos nossa morada para superar a nossa condição de plano de expiação e de provas para a escola de regeneração; assim acontece em todas as galáxias, a nossa não é exceção. Há, conforme foi dito, mundos de expiação, de provas. Há os mais miseráveis e bem melhores, há os superiores para espíritos puros ou santos, mas há também os transitórios, chamados de regeneradores, que servem de transição entre os mundos de expiação e os mundos felizes.

A alma que se arrepende, que quer melhorar, que já iniciou sua reforma íntima, que não é capaz de fazer o mal intencionalmente, regenerou-se e quer caminhar em busca da felicidade.

Agora, torna-se fácil explicar a desigualdade de irmãos em nosso orbe. Assim, os que não querem a sua reforma, obstinados no mal, voltam aos mundos inferiores, levando sua inteligência cumulativa para ajudar a desenvolver aquelas moradas e, por sua vez, diante dos sofrimentos físicos e morais, eles também se desenvolvem. A mídia noticiou a existência de orbe primitivo aproximando-se da Terra. Irá recolher os criminosos, traficantes, bandidos...

E como é mais humano procurar quem nos console e nos ensine pelo sentimento, há quem nos force a pensar, a especular ou, numa só frase, aprender pelo raciocínio. Busquemos Kardec, que nos diz: "Os mundos regeneradores servem de transição entre os mundos de expiação e os mundos felizes; a alma que se arrepende, neles encontra a calma e o repouso, acabando de se depurar. Sem dúvida, nesses mundos, o homem está ainda sujeito às leis que regem a matéria; a humanidade experimenta as vossas sensações e os vossos desejos, mas está livre das paixões desordenadas, das quais eram escravos; neles nada mais de orgulho, que faz calar o coração, de inveja, que o tortura, de ódio, que o sufoca; a palavra amor está escrita sobre as frontes; uma perfeita equidade regula as relações sociais; todos se revelando a Deus e tentando ir a Ele, seguindo Suas Leis. Não é a felicidade completa, mas a aurora da felicidade. O homem aí é ainda carne e, por isso mesmo, sujeito às vicissitudes de que não estão isentos senão os seres completamente desmaterializados. Há ainda provas a suportar, mas não pungentes angústias da expiação."

O mesmo acontece com os animais que desencarnam: permanecem na condição de alma simples, perto de seus donos ou de suas casas, correndo, saltitando, e nascem numa próxima ninhada e continuam a jornada mais mansos.

Em 1952, surgiu um humano que vivera na época de Moisés e que não vinha à Terra a aproximadamente 4.000 anos.

Achou as construções diferentes, mas a evolução moral foi muita pequena, quase nula. Ainda não sabemos o que é amar, perdoar, ser indulgente, perdoar os inimigos, o que é a fraternidade, eliminar a vaidade, o ciúme. A referida entidade estava coberta de razão, melhoramos muito pouco, quase nada, eis que o processo evolutivo é lento, apesar de sermos melhores que ontem.

As moradas são universidades das almas, escolas de aprendizado, de reeducação, de aprimoramento, de acordo com a condição evolutiva de cada um. Somos imperfeitos, materialistas, necessitamos de uma morada compatível com a nossa condição evolutiva. Assim, a Terra é nosso lar, nossa escola, nossa oficina de trabalho, enfim, é tudo de que necessitamos e aqui viveremos até atingir estágio igual ou superior ao próprio Planeta.

O exemplo é idêntico ao escolar: não se matricula uma criança em alfabetização no curso de doutorado em grandes universidades. O que não significa dizer que temos apenas a evolução intelectual, mas a mais importante é a moral. De vez em quando surgem jovens dotados de genialidades, o que significa que eles desenvolveram, nos estágios anteriores ou etapas reencarnatórias, o intelecto, e a moral em situação inferior.

COMO SE OPERA A TRANSIÇÃO DOS MUNDOS

Agora podemos entender como, logo que um mundo chega a um de seus períodos de transformação a fim de ascender na hierarquia dos mundos, operam-se mutações na sua população, tanto no campo material quanto no espiritual, razão das grandes emigrações e imigrações.

Os que, apesar da sua inteligência e do seu saber, perseverarem no mal, sempre revoltados contra a Lei Divina, tornar-se-ão daí em diante um embaraço ao ulterior progresso moral, uma causa permanente de perturbação para a tranquilidade e a felicidade dos bons, pelo que são excluídos da humanidade a qual até então pertenceram e tangidos para mundos atrasados, onde aplicarão a inteligência e a intuição dos conhecimentos que adquiriram ao progresso daqueles entre os quais passam a viver, ao mesmo tempo que expiarão, por uma série de existências penosas e por meio de árduo trabalho, suas passadas faltas e seu voluntário endurecimento.

Mas, ainda segundo Kardec, ao mesmo tempo em que os maus se afastam do mundo em que habitavam, espíritos melhores aí os substituem, vindos quer da erraticidade, concernente a esse mundo, quer de um mundo menos adiantado, que mereceram abandonar – espíritos para os quais a nova habitação é uma recompensa. Assim renovada e depurada a população espiritual dos seus piores elementos, ao cabo de algum tempo o estado moral do mundo se encontra melhorado. Referidas mutações podem ser parciais, circunscritas a um povo, a uma raça e, outras vezes, podem ser gerais, quando ocorre a regeneração do globo, para sua renovação.

Nossa presença na Terra se deve à nossa imperfeição, já que a cada reencarnação diminui a materialidade do envoltório que constitui nosso corpo. É um verdadeiro paradoxo. Vivemos nossa vida física na Terra para aprender a se desmaterializar. Quanto mais apegados aos bens materiais mais tempo aqui permanecemos, eis que Deus não interfere em nosso livre-arbítrio. Por sua vez desconheceremos, enquanto não evoluirmos, as delícias dos Planos Superiores ou das Moradas Celestiais, em razão de nosso corpo pesado, muito próximo da animalidade, principalmente porque até hoje não aprendemos a amar, a servir sem interesse, a perdoar com total esquecimento, ou seja, ainda estamos mais próximos do ponto de partida. Nossas reações, nossa alimentação, nosso pensamento, nossos desejos, nossa visão, nossa alegria ainda vêm quase em sua totalidade do gozo dos bens materiais.

A civilização egípcia nos mostra a existência de outras moradas. Basta atentar para o seu elevado conhecimento em todos os campos das ciências, suas construções com milhares de metros cúbicos, dentro dos mais elevados padrões de engenharia. Tanto é verdade que Emmanuel, em *A caminho da luz* (F. C. Xavier, pág. 42), assim registra: "**Em todos os corações morava a ansiedade de voltar ao orbe distante, ao qual se sentiam presos pelos mais santos afetos**. Foi por esse motivo que, representando uma das mais belas e adiantadas civilizações do antigo Egito, desapareceram para sempre do plano tangível do planeta. Depois de perpetuarem nas pirâmides os seus avançados conhecimentos, todos os Espíritos daquela região africana regressaram à pátria sideral". É de se perguntar se havia algum povo mais adiantado, com maior cultura cumulativa, que trazia consigo uma evolução científica imprópria para aquela época, do que os egípcios.

Ora, se a nossa cultura é cumulativa, na época dos faraós a condição cultural era de barbárie, de onde tiraram o que aqui não existia em matéria de conhecimento? Assim, tal fato vem provar que eles vieram de outra morada mais adiantada que este vale de lágrimas e de sofrimentos, para aqui implantar uma nova civilização, que foi modelo para os gregos e se disseminou, em parte, pela face da Terra. Mas, em razão de nosso atraso cultural, muitos conhecimentos seguiram com eles de volta para sua morada celestial.

A PRESENÇA DAS RAÇAS

Tudo leva a crer que a raça adâmica seja proscrita. Os Espíritos que a integram, ainda segundo Kardec, foram exilados para a Terra, já povoada, mas de homens primitivos, imersos na ignorância, que os adâmicos tiveram por missão fazer progredir, levando-lhes as luzes de uma inteligência desenvolvida. Não é esse, com efeito, o papel que essa raça há desempenhado até hoje? Sua superioridade intelectual prova que o mundo donde vieram os Espíritos que a compõem era mais adiantado do que a Terra.

Havendo entrado esse mundo numa nova fase de progresso e não tendo tais Espíritos querido, pela sua obstinação, colocar-se à altura desse progresso, lá estariam deslocados e constituiriam um obstáculo à marcha providencial das coisas. Foram, em consequência, desterrados de lá e substituídos por outros, que para isso mereceram. Relegando aquela raça para esta Terra de labor e de sofrimentos, teve Deus razão para lhe dizer: "Dela tirarás o alimento com o suor de tua fronte".

Segundo alguns cientistas, a família humana começou na África e atingiu todos os continentes, buscando uma ascendência comum entre os primatas, mas como sabemos da impossibilidade de referida hipótese, acreditamos que houve povoação simultânea em diversos continentes.

O melhor conceito de raça, segundo os cientistas da evolução orgânica, seria: "Raças são populações mendelianas que diferem na frequência relativa de certos genes ou estruturas cromossomiais".

E, segundo a *Enciclopédia Barsa* (1981, v. 13, pág. 141): "O conceito de 'população mendeliana' é mais restrito e preciso. Aplica-se, especificamente, a comunidades sexuais ou grupos de indivíduos que, real ou potencialmente, possam entrecruzar-se por via sexuada e por fertilização cruzada. Em outras palavras, uma população mendeliana é uma população constituída por indivíduos ligados entre si, biologicamente, por uma descendência comum ou por laços de parentesco ou cruzamento".

A referida conceituação pode ser adaptada às leis de genética, da evolução orgânica ou fisiológica, mas não é completa diante da evolução abordada no presente estudo. Não se pode abortar a evolução moral, psíquica, pois seria jogar por terra a evolução em sua abordagem total. Ainda mais porque em época alguma tivemos uma linhagem pura, nem mesmo uma guerra mundial conseguiu aproximar esse desejo, já que é de essência a miscigenação racial, caso contrário ainda estaríamos na Idade da Pedra. Mesmo que se isole um pequeno povo, com características genéticas que o identifiquem dentro da lei mendeliana, como explicar a presença, nesse povo, de pessoas boas, excelentes, honradas, íntegras, diante de assassinos cruéis, dos desonestos, dos sadios diante dos doentes, dos perfeitos fisicamente diante dos paralíticos etc.?

Após o surgimento do homem na Terra, via empréstimo da roupagem dos chimpanzés, surgiram os ascendentes das raças brancas. O episódio da Atlântida nos mostra que os ascendentes brancos surgiram na Ásia, chegaram à África, pelo istmo de Suez, provavelmente pelo Egito. Na raça adâmica o paraíso perdido ficou de geração em geração, até ser registrado na Bíblia e chegar até nós, de onde surgiram quatro ramos: os árias, os egípcios, os israelenses e as castas indianas. Os celtas, os gregos, os germanos, os eslavos e os latinos descendem dos árias. Mas, na verdade, devemos, aqui, registrar que as primitivas foram as raças amarela e negra.

NÃO PAGAMOS DÉBITOS ALHEIOS

Na evolução global não se paga débitos alheios. Aqui podemos agora sentir o peso da evolução global, em que cada um é responsável por seus próprios atos, que há doenças, sofrimentos, mortes físicas em todos os reinos, seja vegetal, animal e dos humanos. Ao estudarmos a situação de cada um diante de suas provas e expiações, sentiremos o preço da Justiça e que não há causa sem efeito, nem ação sem reação, nem plantio sem colheita. E, mais, sem sofrimento não há evolução.

A doçura de um cão advém de seu sofrimento. De tanto sofrer ferimentos, fome, frio, desprezo, abandono material, carrapatos, bernes, doença, morte física, nascer de novo em outra ninhada, com o aprendizado em forma de instinto desenvolvendo-se pouco a pouco, ele aprende que sendo doce, manso, mesmo que se aproxime de estranhos num bar, ali receberá o alimento, pois chegará com o olhar triste, cabisbaixo, pronto para ser protegido. O cão violento necessitará de muito sofrimento, morrer muitas vezes para aprender, via instinto, a necessidade de se tornar manso.

O mesmo acontece com o ser humano. Ele necessita de muitas viagens ao corpo físico, de nascer, crescer, reproduzir-se, aprender a amar, a perdoar, a resgatar débitos, a passar por expiações, a valorizar o intelecto, para facilitar a vida, buscando acumular cultura para prosperar sempre. Portanto não há pecado original, mas humanos manchados dos vícios que lhes acarretaram ser excluídos de um mundo melhor.

Assim teremos a única interpretação racional do dito pecado, peculiar a cada indivíduo e não resultado da responsabilidade da falta de outrem a quem ele jamais conheceu. Essas almas renascem diversas vezes na Terra para a vida corpórea, a fim de progredirem, depurando-se – razão do compromisso de cada um para o esclarecimento próprio, não só acerca de suas vidas passadas, como também com relação às vidas ulteriores. Então, mas só então, dar-lhe-emos à missão da vida num sentido real e sério, que a razão pode aceitar. Caso contrário, o Universo seria a mais perfeita bagunça, pois ninguém entenderia as injustiças gritantes neste minúsculo planeta que habitamos.

NÃO HÁ DESCANSO NAS MORADAS

A evolução se opera nos dois Planos. Assim, ninguém, depois do sepulcro, gozará de um descanso a que não tenha feito jus, porque *"o Reino do Senhor não vem com aparências externas"*.

Cada qual colherá o plantio semeado por si mesmo, pois céu e inferno são apenas estados conscienciais e se eles não existirem em nossa consciência, não existirão em lugar algum. Já que a morte não muda o estágio mental de ninguém, vez que desde o momento em que recebemos o uso da razão – a nossa inteligência – nunca mais paramos de pensar, nem mesmo dentro do caixão, nosso pensamento é eterno, ininterrupto. O que morre é a veste física que, a exemplo da roupa, deve ser renovada, numa nova existência de oportunidades, a exemplo do aluno reprovado, que a bondade paterna manda repetir o ano letivo na mesma escola, temos que repetir a jornada na mesma escola, tantas vezes for necessário, até que possamos adquirir evolução superior ao planeta que hoje habitamos.

Ao evoluirmos, evoluímos nossa morada. Basta atentar para a inutilidade dos castelos medievais, das mansões dos coronéis do passado, diante de uma nova arquitetura leve, funcional e alegre. Assim, o homem, conscientizando-se de que deve usar e não abusar da Natureza, levará a Terra a uma condição bem melhor, desde que definitivamente pare de agredir a mãe Natureza. Basta amá-la. O ponto crítico de nossa falta de evolução é exatamente a ausência do amor; amor diante da natureza, da política, da saúde, dos problemas sociais, da divisão de riquezas.

Quando nossa preocupação, tanto na política quanto em todas as atividades humanas, for entender que o problema dos outros é bem maior que o nosso, que devemos ser solução (mas solução amorosa, com espírito de renúncia, com alegria de servir, pois quem não serve para servir não serve para viver), aí teremos a Terra de nossos sonhos, sem vulcões, terremotos, maremotos, tsunamis, tempestades e inundações. Com muito amor em tudo afastaremos guerras e violências de todas as espécies.

Diz Emmanuel, por intermédio de Chico Xavier: "Os companheiros que compreendem, na experiência humana, a escada sublime, cujos degraus hão que vencer a preço do suor, com o proveito das bênçãos celestiais, dentro da prática incessante do bem, não se surpreenderão com as narrativas do mensageiro interessado no servir por amor. Sabem eles que não teriam recebido o dom da vida para matar o tempo, nem a dádiva da fé para confundir os semelhantes absorvidos, que se acham, na execução dos Divinos Desígnios. Todavia, aos crentes do favoritismo, presos à teia de velhas ilusões, ainda quando se apresentem com os mais respeitáveis títulos, as afirmativas do emissário fraternal provocarão descontentamento e perplexidade". É natural notar: "Cada lavrador respira o ar do campo que escolheu".

Daí se conclui que a morte é o tempo perdido em nossa oportunidade de evolução.

POR QUE A DIVERSIDADE DE MORADAS?

Assim a sabedoria de Nosso Pai nos mostra a necessidade de tantas moradas destinadas à nossa evolução. Tudo em razão da nossa diferença de evolução; os mais evoluídos vivem em Mundos Superiores e nós, que ainda queremos o trono da glória, estamos rastejando em nossas misérias morais, salvo excelentes exceções. Cada um recebe, portanto, a morada que conquistou para si, daí a razão da necessidade da diversidade de moradas. Se a evolução fosse somente orgânica, fisiológica, como quer e estuda a Ciência, não haveria necessidade de moradas diferenciadas.

Comparemos nossa evolução aos degraus de uma escada.

Quem sobe um degrau está mais próximo do topo. Na evolução humana, cada degrau significa uma conquista, portanto um patrimônio de virtude. E como já dissemos ser cumulativa a nossa cultura, segue-se que quem adquire virtude cresce com maior facilidade. Quando encontramos alguém honesto é porque já conquistou o degrau da virtude chamada honestidade e ele nunca mais será desonesto. Se por acaso cometer alguma desonestidade é porque ainda não alcançou o degrau da referida virtude.

A distância da bactéria ao homem é a mesma dele ao Anjo e a evolução não se opera de um salto ou de um momento para outro. Ela é lenta, lentíssima, para ser sedimentada como conquista eterna, pois somente é nosso aquilo que podemos transportar, ou, melhor dizendo, o que temos para dar. Basta dizer que aqui aportamos nus e deixaremos assim o próprio corpo e ainda não aprendemos a valorizar o que é nosso (inteligência, vida, evolução, amor); preocupamo-nos com o aqui e agora, com o que recebemos em comodato (bens transferíveis), que são apenas por nós administrados.

Da mesma forma que observamos as pessoas diante do quadro evolutivo, no campo da cultura, da inteligência, dos valores morais e da santidade, também temos moradas de diversas classificações, recebendo cada um a morada que faz jus.

NÃO SOMOS IGUAIS E NEM AS MORADAS

Pela mesma forma como temos nosso DNA, rostos e impressões digitais diferentes (basta atentar ao fato de que já ultrapassamos sete bilhões de humanos e não há um idêntico ao outro), assim também há uma diversidade prodigiosa, inimaginável, de moradas etéreas vagando no Hálito Divino. Para se ter uma ideia da grandiosidade da obra de nosso Pai, basta atentar para o fato de que a Terra, numa velocidade de 2.500.000 km/dia leva 250.000.000 milhões de anos para dar uma volta completa na Via Láctea; ou, conforme já dito, percorrendo a Via Láctea na velocidade da luz (300.000 km/segundo) são necessários 100.000 anos. Estamos falando de nossa galáxia, mas são bilhões de outras, sem que uma seja idêntica à outra! No olhar noturno, romântico, poético, vistoriando a infinidade de astros cintilantes, como se quisessem dizer: "estou aqui!"

Se o Criador quisesse enfeitar o firmamento, Ele, mais do que ninguém, saberia fazer e criar as mais belas flores e paisagens. Somos testemunhas disso. Se não o fez é porque tem propósito bem mais elevado. Portanto são moradas para receber Seus filhos, juntamente com todos os seres vivos e inorgânicos, de acordo com a Sua Lei de Justiça Divina, em que cada um recebe na pauta do mérito.

Dissemos que a religiosidade faz com que busquemos Deus, a indagação da inteligência desperta em nós a Filosofia e a experimentação, diante de nossa cultura cumulativa, encontra pela frente a Ciência. Ontem, o homem escavava a pedra e se escondia na furna. Matava para sobreviver. Passou a observar e da observação viu que não estava só, que dependiam uns dos outros, que juntos estavam mais amparados pela união. Mesmo no egoísmo pensava, e pensando observava, e observando notou que, acima de sua cabeça, muitos e muitos mundos poderiam ser visitados, mas nossa imperfeição nos arrasta os pés no solo, presos que estamos em razão de nossa condição inferior, até que um dia, cumulando nossas energias, educando-as nas leis de amor, possamos visitar outras moradas bem melhores que a nossa, já que cada um recebe o que merece.

Nada melhor que o ensinamento de Louis Pasteur: "Pouca ciência afasta Deus; muita, a Ele reconduz".

Sob os nossos olhares, os sóis sucederam aos sóis, os sistemas aos sistemas, as nebulosas às nebulosas. Recebemos um antegozo da ideia do infinito e concebemos a universalidade das coisas e de que não estamos sós (Kardec).

TUDO É ÚTIL

Nada é inútil. Todos os astros, estrelas, planetas, inclusive a própria lua, são habitados, ora por irmãos na veste física, ora na condição de espíritos. Cada morada tem para nós a vestimenta própria. Mundos elevados, roupa fluídica, mundo mais materializado, corpo físico. Nos mundos primitivos, a animalidade se faz presente dando os últimos passos para a conquista da razão.

Se nosso Pai quisesse enfeitar o céu, ninguém melhor que Ele na criação de flores, mas os astros e demais corpos celestes têm finalidade de receber irmãos nossos em sua viagem a caminho da luz.

Não há um verme, um ser inútil, pois cada um de nós é um recado do Senhor, em forma de compromisso pessoal, para a evolução conjunta nossa e da própria Terra.

Em tudo, a Lei de Lavoisier: "Na natureza nada se perde, nada se cria, tudo se transforma". Assim, diante desse bendito conceito, sabemos que tudo é útil.

Lixo hoje, fertilizante amanhã. Restos de animais soterrados há milênios, cobertos pela água, plantas e outros elementos, energia em forma de petróleo, e assim por diante.

CRIAÇÃO DE NOSSA MORADA

Quando Nosso Pai necessitou criar uma nova morada, uma porção foi retirada do Astro Rei e colocada em órbita própria.

A energia incandescente recebe o nome de Terra. Inicia seu período primário, o do resfriamento, para a solidificação, formando a crosta bem como a liquefação das matérias contidas no ar, no estado de vapor. Chuvas dos elementos enxofre, ferro, cobre, chumbo e outros materiais penetraram a crosta formando os respectivos filões. Reinava o caos total, sem a menor possibilidade de vida tanto animal quanto vegetal.

Cada morada tem seu diretor. Noticia-nos Emmanuel, na Gênese Planetária (*A caminho da luz*/Chico Xavier), a existência de uma comunidade de Espíritos Puros e eleitos pelo Senhor Supremo do Universo em cujas mãos se conservam as rédeas diretoras da vida de todas as coletividades.

A referida Comunidade, há cerca de 4,5 bilhões de anos aproximadamente, reuniu-se para deliberar a criação de nossa morada terrestre, cabendo ao Nosso Senhor Jesus Cristo a obra de cocriação da Terra, sob as ordens de Nosso Pai celestial.

Conforme já foi dito, nossa morada teve sua criação iniciada por volta de 4,5 bilhões de anos atrás. Retirada uma porção do Astro Rei, a dita nebulosa, colocada em órbita própria, cerca de 149.600.000 km, inicia sua jornada numa temperatura de 2.000ºC de calor.

No livro *A gênese*, em "Uranografia Geral", o Mestre Lyonês, (A. Kardec) nos ensina que, do mesmo modo que um movimento muito rápido da funda, parte a corda e deixa escapar, para longe, o projétil, a predominância da força centrífuga destaca o centro equatorial da nebulosa e, desse anel, forma uma nova massa, isolada da primeira, não obstante submissa ao seu império. A massa ainda não solidificada, destacada da massa central pela ação da força centrífuga, vai tomando, em virtude das leis do movimento, a forma esferoidal mais ou menos elíptica, segundo o grau de fluidez conservado.

Criaram, sob as vistas de Deus, o indispensável à existência do porvir, estabelecendo os grandes centros de forças da ionosfera e da estratosfera, edificando usinas de ozônio a 50 km de altitude, para filtragem dos raios solares. O hidrogênio é liberado e, em reações com o oxigênio, contribui para formar a água, surgindo os primeiros oceanos.

Descargas elétricas jamais vistas pela humanidade produzem comoções no organismo planetário. O resfriamento até a formação de continentes, com o surgimento da vida, embora unicelular, microscópica, uma alga azul e mais de um bilhão e quinhentos milhões de anos se passaram. Prova de que Nosso Pai não tem pressa e que tudo deve ser feito dentro do mais rigoroso princípio da perfeição. Pronto, nossa morada começa a ser habitada e nova história também tem seu início. A nossa história.

DA CRIAÇÃO DA LUA

Paralelamente, sob orientação de Cristo, delibera-se a formação da lua, como âncora de equilíbrio terrestre, no movimento de translação em torno da sede do sistema, para a necessária estabilidade planetária, necessitando de sua luz polarizada para criação e reprodução das espécies (*A caminho da luz*, Emmanuel/ Chico Xavier).

O mesmo princípio de criação da Terra é observado na criação de nosso satélite. Somente se destaca aqui uma porção do planeta antes de seu resfriamento, numa codependência e cooperação de trabalho, embora, por princípio de Física, com massa menor seu resfriamento foi mais rápido e permanece suspensa em seu próprio céu, com maior concentração de massa na parte inferior, com forma ovoide – razão de apresentar sempre a mesma face, em função da lei de gravitação, já que seu centro de gravidade se encontra em algum ponto da superfície.

É inegável o gigantesco trabalho prestado pelo nosso satélite, na sua importante influência da vida planetária, em todos os seus aspectos, além de se tornar nossa âncora de equilíbrio, participando de sua trajetória no Universo, no mesmo sistema solar, na mesma órbita da Terra.

Todos nós sabemos da influência da Lua, não só na condição de musa dos apaixonados e dos poetas, mas no campo da própria vida planetária, em todos os aspectos, há uma interdependência e interligação, sem se saber onde uma inicia e a outra termina.

A PRIMEIRA BASE ALIMENTAR

Aos poucos surge elemento viscoso cobrindo toda a Terra, berço do proto-plasma, e, com ele, o germe sagrado dos primeiros seres vivos. Massa gelatinosa dotada de recursos alimentares para manutenção.

Edifica-se o mundo das células, base dos demais seres vivos. Manipulam-se os fluidos da vida para se adaptarem às condições físicas do Planeta.

O hidrogênio é liberado e, em reações com o oxigênio, contribui para formar a água, surgindo os primeiros oceanos.

Uma nuvem de forças cósmicas envolve o laboratório planetário.

Durante quase um bilhão de anos o planeta foi bombardeado por descargas de altíssima voltagem, bem como por cometas e asteroides.

Em *A gênese* (pág. 101), temos a melhor lição da base alimentar: "Esse fluido penetra os corpos como um imenso oceano. É nele que reside o princípio vital que dá nascimento à vida dos seres e a perpetua sobre cada globo, segundo sua condição principia em estado latente que dorme lá onde a voz de um ser não o chama. Cada criatura, mineral, vegetal, animal ou outra.

Sabe, em virtude desse princípio vital universal, apropriar-se das condições de sua existência e de sua duração. As moléculas dos minerais têm a sua quantidade dessa vida, do mesmo modo que a semente e o embrião, e se agrupam, como no organismo, em figuras simétricas, que constituem os indivíduos. Importa muito se compenetrar desta noção: a matéria cósmica primitiva estava revestida não somente de leis que asseguravam a estabilidade dos mundos, mas, ainda, do princípio vital universal que forma as gerações espontâneas sobre cada mundo, à medida que se manifestam as condições da existência sucessiva dos seres, e quando soa a hora de aparição do produto da vida, durante o período criador".

Nas últimas décadas cresceram mais as dúvidas do que o nosso entendimento relativo à Teoria da Geração Espontânea. Essa teoria continua sendo a mais aceita, menos por "evidências" a seu favor e mais pela nossa dificuldade no entendimento de certas questões básicas relativas à Panspermia (como a vida poderia sobreviver à radiação emitida pelas estrelas e presente por toda Galáxia? Como a vida poderia ter "viajado" até nosso planeta?).

No século passado, a ideia "panspérmica" ressurgiu com força. Algumas teorias espetaculosas, tal como a "Panspermia Dirigida", de Francas Circo e Lesei Orle, foram muito discutidas, principalmente por seu forte apelo entre os amantes da ficção científica. Segundo esses autores, seres inteligentes pertencentes a outros sistemas planetários teriam colonizado a Terra e, provavelmente, outros planetas. O grande argumento a favor dessa teoria estaria no fato do molibdênio, elemento raro no nosso planeta, ser essencial para o funcionamento de muitas enzimas-chave do metabolismo dos seres vivos.

PRIMEIRO SINAL DE VIDA

A primeira possibilidade de vida aparece por volta de 3,5 a 3,8 bilhões de anos, provavelmente uma alga verde/azul, encontrada na Austrália, e de 2,5 bilhões de anos o primeiro ser vivo, capaz de realizar a fotossíntese, produzindo oxigênio.

Assim, podemos dizer que os primeiros habitantes da Terra, isso no plano material/orgânico, são as células albuminoides, as amebas e todas as organizações unicelulares, isoladas e livres, com espantosa capacidade de multiplicação.

Surgem os primeiros seres vivos unicelulares, protozoários, portadores de um núcleo. A atmosfera, por sua vez, enriquece-se de oxigênio por volta de dois bilhões de anos.

As algas marinhas pluricelulares surgem no planeta há aproximadamente um bilhão de anos. Os primeiros habitantes da Terra surgiram na referida massa gelatinosa. Brotam as amebas, protozoários e animais unicelulares, nutrindo-se do oxigênio contido na água, já que a terra firme ainda não o continha na proporção necessária à vida. A ameba possuía apenas o tato, desenvolvendo os demais sentidos com o aperfeiçoamento dos organismos superiores. Associam-se formando colônias de infusórios, de polipeiros.

Em tudo a criação se faz presente para nos indicar que não há evolução sem que antes tenha ocorrido a criação.

Sem dúvida alguma, seria impossível a vida planetária sem a Teoria da Geração Espontânea, a própria redação da vida no planeta, conforme restou descrito seria impossível sem a geração espontânea. Vez que não há acaso na história da vida, ela vem de Deus. Basta dizer que foram necessários milênios para a chegada da vida aqui na Terra. Mas chegou de onde? Ou seja, foi preciso criar uma base alimentar e a vida surgiu. Sabe-se que não são milagres.

ELABORAÇÃO DAS FORMAS

Os operários do Pai trabalham há milhares de anos na elaboração das formas buscando os elementos da nutrição e da conservação da existência, conquistando o coração e os brônquios; a seguir, o sistema nervoso, com os órgãos de procriação, definindo os seres. Tais fatos ocorrem no período de formação do feto. Há uma sequência idêntica à da criação dos seres vivos na natureza.

A Terra, saturada de umidade e de vapor, apresenta a parte sólida coberta de lodo e de pântano, iniciando os contornos geográficos com os continentes, surgindo os oceanos e, por fim, a terra firme.

Os primeiros animais datam de 500.000.000 de anos, provindos da geração espontânea que ocorreu no princípio e até hoje, na geração da própria vida. Da microvida ao ser mais completo, uma infinidade de tempo é necessária para a completa perfeição do ser. O que nos leva a crer que do homem ao Anjo, também milhões de nascer e renascer até se atingir a perfeição.

Violenta colisão atinge a Terra (fato ocorrido há 250.000.000), extinguindo-se os animais de grande porte, inclusive os dinossauros. Gigantesca fase de organização planetária, ou, melhor dizendo, trabalho de elevadíssima responsabilidade dos Prepostos de Nosso Pai, na elaboração das formas e na preparação para a vida planetária.

Em maior ou menor profundidade tanto nos continentes quanto nas profundezas oceânicas, os depósitos de petróleo atestam e comprovam os fatos aqui narrados.

A GRANDE PREPARAÇÃO

Os parentes sorológicos do homem surgem entre dois a três milhões de anos.

Agora, temos uma noção exata de que somos portadores de nosso DNA, rostos e impressões digitais pertinentes a cada um de nós.

Continuamos nosso estudo para dizer que a lei de seleção abre as portas no período terciário.

Os primeiros passos no caminho da vida organizada foram dados.

Com essa massa gelatinosa nascia no orbe o protoplasma, celeiro sagrado das sementes da vida.

A vida saiu da água quando o oxigênio surgiu em proporções para se manter a vida animal. Tanto é assim que os reinos animal e vegetal (zoófitos) se confundem nas profundezas oceânicas (*A caminho da luz*).

Se, por um lado, o criacionismo dá nomes, como símbolo dos primeiros humanos, Adão e Eva; o evolucionismo total nos traz a notícia das personalidades em evolução de Caim e Abel. Aqui, os estudiosos da evolução fisiológica calam-se, em mais profundo silêncio, ou a ciência também se calou, já que falamos da evolução humana, qual a posição dos fisiologistas. Pelo menos os criacionistas voltaram uma solução bíblica, mas sabe-se que a Bíblia, Velho Testamento, é obra humana e não Divina. Obra dos profetas e, portanto, humana.

ELOS DA CADEIA EVOLUTIVA

Do líquen até a árvore, do zoófito ao homem, há uma cadeia, cujos anéis têm um ponto de contato com o anel precedente, ou seja, cada espécie é um aperfeiçoamento da espécie imediatamente inferior. Assim, cada ser tem compromisso evolutivo com sua espécie, guardando todos os elos dessa evolução, até concluir o referido compromisso com a mencionada espécie. Ao término desse compromisso vai ao Hálito Divino e volta melhorado, em outra espécie, guardando da espécie anterior todos os elos e vínculos evolutivos. Assim, vale dizer que cada animal, vegetal e até mesmo mineral guarda as lições do aprendizado anterior para galgar escala mais evolutiva. Uma espécie não se transforma em outra ou origina outra sem que antes tenha terminado seu compromisso evolutivo, que se finda no Plano Maior. Dali, depois de concluída sua missão, volta melhorada, já compromissada com outra espécie e, assim, sucessivamente. Mas, de quando e de como ocorre a mudança, ninguém tem a mínima informação.

Cada espécie animal teve como ponto de partida um casal primitivo, germinado espontânea e simultaneamente em diversos lugares, iniciando sua marcha após a espontaneidade de sua germinação, seguindo durante milênios, germinando, vivendo, crescendo, reproduzindo, morrendo, concluindo seu compromisso na espécie que lhe é própria para nascer em outra espécie e seguir a mesma rota, passando de espécie em espécie até atingir a perfeição e entrar no reino da hominalidade. Essa é a razão de muitas espécies povoarem, ao mesmo tempo, lugares diferentes e longínquos.

Tudo concorre para provar que houve criação espontânea e simultânea e múltipla dos primeiros casais de cada espécie animal e vegetal, entre os primitivos seres. Origem da vida.

Os primeiros seres foram: zoófitos – pólipos; helmintos ou vermes intestinais; moluscos – animais sem ossos (como as lesmas, polvos e ostras); crustáceos – como o caranguejo e a lagosta; insetos – formigas, abelhas e aranhas; vertebrados – peixes, pássaros e répteis; mamíferos – cuja organização é mais completa, destacando-se os animais domésticos e o próprio homem, este dotado do uso da razão, da inteligência. Do primeiro ao último, nessa escala, temos elos de evolução no reino animal. Cada espécie, conforme ficou dito, guarda vínculos da espécie anterior, comprovando-nos estágios evolutivos.

Por que não mais se formam seres vivos nas mesmas condições em que se formaram os primeiros que surgiram na Terra?

A GERAÇÃO ESPONTÂNEA

Se o musgo, o líquen, o zoófito, o infusório e os vermes intestinais podem produzir-se espontaneamente, por que não ocorre o mesmo com as árvores, os peixes, os cães e os cavalos? Animais e vegetais de maior porte...

Em outras palavras, não brotam da terra animais como os aqui referidos, citando-se cães, macacos, leões etc. Tudo, em todos os reinos da natureza, tem seu início de maneira primitiva. Conforme já foi dito, a energia saída do Fluido Cósmico Universal segue sua jornada passando por todos os estágios da natureza até atingir a evolução máxima permitida para este orbe.

Evidentemente, só se pode aplicar o princípio da geração espontânea aos seres das ordens mais ínfimas dos reinos vegetal e animal, cujos organismos são, de certa forma, rudimentares. Isso nos prova a existência de uma escala evolutiva rigorosamente obedecida pela natureza, pois tudo está sob o controle Divino, comprovando-nos os elos de evolução por que passam todos os animais, sem exceção. O mesmo acontecendo com os vegetais. Eis que a Justiça Divina é rigorosíssima.

Portanto o princípio da geração espontânea se aplica somente a seres (animal e vegetal) das ordens mais ínfimas dos respectivos reinos, cujos organismos são, de certa forma, também rudimentares. Isso significa que os animais mais evoluídos não surgem espontaneamente, mas via reprodução própria de cada espécie. Os rudimentares, os que não possuem a mínima evolução, podem surgir espontaneamente. Apenas resulta de outro reino da natureza, que concluiu seu plano evolutivo como energia.

Muitos cientistas botam os pés pelas mãos na abordagem do tema da origem da vida, com inclusão a partir do RNA e do DNA, esquecendo-se que são informações ou, como dizem, moléculas autorreplicantes ocorridas após o surgimento da vida ou do fluido vital. Mesmo invenções bioquímicas não trazem a notícia da fronteira inicial da vida, pois uma é efeito da outra, que é causa, ou seja, a própria vida. Assim, é impossível a presença do RNA e do DNA onde não existe ou existiu vida.

Tanto é verdade que, concluído o primeiro projeto do Genoma, restou provado, até agora, a capacidade de 25 mil genes no genoma humano, embora alguns cientistas atestem que esse número ultrapassa a casa dos 30.000. Recentes pesquisas têm demonstrado que temos 98,4% de genes idênticos aos chimpanzés, cuja situação, se considerar a não codificação dos genes, será bem menor ainda, a ponto de um resultado, sem levar em conta a informação de origem, poder servir de base para a sentença de um juiz confirmando a paternidade nossa entre os primatas.

Por outro lado, outras pesquisas recentes comprovam que temos apenas uma diferença de apenas 300 genes a mais que um rato, ficando fácil a explicação da utilização dos ratos como cobaias de pesquisas científicas para utilização de medicamentos em humanos. O que nos leva a uma preocupação maior na abordagem do assunto, pois surgem as indagações: por que tanta preocupação com os genes se existe essa confusão tamanha entre os animais?

Será que a evolução é somente de ordem biológica/fisiológica ou exclusivamente evolucionista? Em que lugar fica a evolução mental/instintiva de todos os seres? E, mais importante ainda, perquirir a evolução espiritual num contexto específico ou o objetivo da presente obra – o somatório globalizado de todas essas informações?

Eis que se a evolução intelectual fosse transmitida via genes, todos os descendentes de Leonardo da Vinci seriam gênios, tanto quanto os de Einstein e assim por diante, o que não é verdade.

Não se sabe quem são e o que fizeram os descendentes de Gandhi, de Alva Edson e de tantos benfeitores da humanidade!

Buscando a origem de tudo, encontramos o protoplasma, base alimentar, proteica, com superfície mineral, fonte de alimentos para a geração espontânea. Pronta estava a base da vida.

E, como já dissemos, a natureza providenciou os elementos necessários ao surgimento da vida, espontaneamente, em seres rudimentares. Esses seres, isso sim, são portadores tanto do RNA quanto do DNA, e o último ficou como informação primordial da genética, para depois aparecer o RNA, como elemento de ligação entre o próprio DNA e a cadeia alimentar, até mesmo no somatório dos aminoácidos, formadores da cadeia proteica, mesmo porque, sem ajuda das proteínas, não há que se falar na perpetuação da espécie, por não se replicar.

Agora, sim, a origem da vida tem uma sustentação que oferece credibilidade diante da evolução das espécies, que nada mais é que a continuação do ser primitivo, o mais rudimentar, mas portador do fluido vital, com sua carga genética, sua condição de se perpetuar, evoluindo sempre, de espécie em espécie, sempre a caminho da perfeição, até o limite máximo de compromisso ou de evolução aceitável na referida espécie. Terminado o referido compromisso, volta em outra condição melhor, guardando os elos com a espécie precedente até atingir o último elo da escala animal. Tendo surgido como feixe de energia ou molécula, o nome tem efeito apenas didático no reino mineral e segue sua rota, atravessando o mundo vegetal, para receber o movimento, a locomoção, os princípios rudimentares – no começo, dos instintos, utilizando-os em sua cultura própria, aprimorando-a na sucessão de espécies mais evoluídas, cuja evolução, produto do esforço de cada ser, segue a rota até o término do compromisso no reino animal, durante o percurso por nós referido de um bilhão e quinhentos milhões de anos. Pronto, terminou a condição animal. Agora já não é somente o fluido vital, o instinto. Somam-se a ele o uso da razão, ou seja, o pensamento ininterrupto, o livre-arbítrio, a consciência, a cultura que, em razão da evolução, muda para cumulativa no aprendizado eterno a caminho da luz, da sua própria luz, pois cada jornada do homem depende única e exclusivamente dele e de ninguém mais.

Não podemos, em hipótese alguma, esquecer que falamos de uma evolução planetária que data de mais de quatro bilhões e quinhentos milhões de anos, significando que a natureza não tem pressa, que tudo está certo e se encaixa dentro da programação maior, promovida por Deus, a Inteligência Suprema.

Ontem fluido Cósmico Universal, Hálito de Deus, com a geração espontânea habita o orbe na condição de microvida, eis aí o primeiro passo para a presença da vida na Terra, criada para tanto. Daí segue, como vimos em nosso estudo, a continuação dela a caminho da angelitude, propósito maior de Deus.

A EVOLUÇÃO DE CADA UM

Podemos dizer que os animais de organização complexa não são mais que uma transformação da espécie imediatamente inferior e, sucessivamente, até o primitivo ser elementar, que foi gerado espontaneamente.

Assim, as espécies superiores são produtos das transformações desses mesmos seres realizadas sob condições especiais da própria natureza.

Daí surge a indagação: por que encontramos o fluido vital somente nos animais e nas plantas?

É como o próprio nome indica, ele está presente onde houver vida. Assim, tanto o vegetal quanto o animal, quando morrem, perdem o fluido vital. Fato registrado pelos cientistas russos.

Mas como é da ciência que nada se perde, nada se cria, o fluido vital volta à sua origem, ou seja, ao Hálito Divino, também chamado Fluido Cósmico Universal.

No caso do homem, bem como de todos os seres, a Justiça Divina se opera mediante etapas encarnatórias. Nascer, crescer, viver, aprender, reproduzir-se e morrer. Nas provas e expiações, nas diversas etapas encarnatórias, o homem evolui; a mesma regra se aplica a tudo que tenha vida. Observamos a evolução em nós mesmos, vez que nos sentimos bem melhores que há dez ou mais anos e, sem dúvida alguma, somos bem melhores que nós mesmos em encarnações anteriores, mostrando-nos que nossa evolução, embora lenta, é sempre constante, levando-nos a caminho da luz, de nossa própria luz, pois sempre fizemos nossas trevas, gerando-nos nossos sofrimentos, nosso carma. Com isso, chegamos com facilidade à conclusão de que somos artífices de nossos destinos, pois construímos nossa felicidade ou infelicidade, nosso céu ou nosso inferno, o que equivale a dizer que se não houver céu em nosso coração, em nossa consciência, não haverá em lugar algum, e que nossa felicidade depende única e exclusivamente de nós mesmos, o mesmo acontecendo com nosso sofrimento.

Logo, o melhor investimento do ser humano é o bem, ou seja, falar o bem, fazer o bem, exemplificar o bem, que nos faz bem. Isso surge de uma lógica, pois se Deus é a Suprema Bondade, quem espalha o bem, mais Dele se aproxima e mais feliz é. Bons exemplos tivemos de missionários como Buda, Confúcio, Madre Tereza de Calcutá, Irmã Dulce, Francisco de Assis, Gandhi, Chico Xavier e tantos outros, felizes na pobreza e renúncia, já que direcionaram suas vidas ao bem, como único propósito de vida.

Caminhar sem parar, desde a energia primitiva inicial, passando por estágios, em cada um recebendo denominação particular, até o ponto máximo de evolução permitido pela Justiça de Deus, completa seu compromisso no reino mineral. Findo este, essa energia recebe o fluido vital, sendo agora portadora da vida, e começa sua jornada no reino vegetal. De compromisso em compromisso com cada jornada ou espécie, segue a rota interminável (consumação dos séculos), já que o limite é a perfeição.

Assim, no reino vegetal, de espécie em espécie, sempre dentro do mais rigoroso princípio, sem qualquer salto ou proteção diferenciada – o que seria injustiça, impossível, pois estamos falando da Justiça Evolutiva, em que a palavra privilégio não existe e muito menos sorte ou acaso. Ou seja, não há bala perdida, ela busca o alvo certo em razão da lei cármica. E no reino mineral até concluir compromisso no reino vegetal, inicia a mesma jornada, no mesmo sentido, com idênticos valores, de espécie em espécie no reino animal, até terminar sua evolução completa. Em seu reino, o animal deve atravessar um bilhão e quinhentos milhões de anos para concluir a sua rota e adentrar ao reino hominal – que ninguém pode informar quando ocorre.

O homem, dotado da razão, do pensamento ininterrupto, com sua cultura cumulativa, com o tribunal da consciência, dotado de livre-arbítrio, recebe, pela sua evolução, a permissão de caminhar infinitamente para alcançar a perfeição – obra para milhares de séculos (já que, para atingir de 8 a 10% de evolução, com muita luta e sofrimento, gastou quase 150.000 anos), ainda estamos aqui neste orbe primitivo. Aqui nos situamos, agora preparados para voos mais altos, para atingir a angelitude. Tudo depende de nós, de nossa boa vontade, de nossa luta, valendo-nos do aprendizado total, buscando a nossa reforma íntima e caminhando passo a passo, assimilando e cumulando cultura no eterno aprendizado.

A CRIANÇA E O ADULTO

O fato de ser criança não quer dizer que seja espírito primitivo. Somente o corpo se encontra pequeno; o espírito pode ser grande na escala evolutiva. Pode se tratar de espírito novo ao qual falta o despertamento espiritual. As suas qualidades dormem e somente o tempo tem o poder de acordá-las. Podemos identificar se uma criança tem boas qualidades espirituais – e isso é fácil – pelo seu comportamento, pela sua inteligência e pelos seus sentimentos. Ela mostra o que é e mesmo o que foi no passado.

As diversidades de comportamentos nós encontramos em tudo que se move e todos nós estamos subindo uma grande escada em direção à luz, sob as bênçãos de Deus. Entre os próprios animais observamos as diferenças: uns mais mansos, outros violentos; nas plantas, umas delicadas, outras selvagens. Um espírito que se encontra animando uma criança, em muitos casos, é mais evoluído que seus próprios pais, e isso é frequente na sociedade humana. Por vezes, são os mesmos ancestrais de volta, com as experiências que granjearam na cultura cumulativa própria dos humanos, com novos aprendizados no mundo espiritual, que trazem novas experiências na carne. A vida é uma constante aprendizagem.

Os adultos devem, e é sua obrigação, cuidar das crianças e dos velhos, porque, se a criança é o futuro, como todos afirmam, o velho é a criança do porvir. São mudanças pedidas pelas leis da reencarnação e dos reencontros. A luta é a educação, é transformar o homem velho no homem novo, é fazer acordar os dons de ouro no vaso de barro. Se uma criança é rebelde, devemos estudá-la e procurar aparar as arestas dessa alma, que se encontra em um fardo de carne em formação, porque é ensinando que se aprende e é instruindo que se instrui. O que seria dos professores sem os alunos? É como um teste de aprendizagem. Os encontros de pais com filhos, de professores com alunos, de inimigos com inimigos é que enriquecem os celeiros dos dons da vida e despertam valores nunca antes sonhados pelos homens. Compete a cada alma, onde estiver, buscar esse entendimento, por ser esse caminho o caminho da luz, onde encontramos e desfrutamos a felicidade, no dizer de João Nunes Maia.

Minha sobrinha Júlia, com apenas 12 anos de idade disse-me: "Tio, como é a experiência da velhice?". Eu contava com quase 70 anos de idade. Disse-lhe: "Filha, você é mais velha que eu". Diante do susto, expliquei-lhe: "Quem de nós dois será bebê primeiro?". Ela respondeu: "Nossa, eu não tinha pensado nisso".

O PERÍODO DE HUMANIZAÇÃO

Observando nossos irmãos na Terra, facilmente compreenderemos que ela não é o ponto de partida da primeira encarnação humana. O período de humanização começou, em geral, em mundos ainda mais inferiores. Fica fácil entender a presença de grandes engenheiros, homens dotados de grande inteligência, capazes de construírem pirâmides com a mais perfeita precisão, há mais de quatro mil anos, quando ainda não existiam energia elétrica, motores, guindastes, nenhuma tecnologia de construção. Mesmo assim, edificaram pirâmides com mais de 50.000m² de área construída, bem como mumificaram os reis com técnicas praticamente desconhecidas. Ou mesmo a presença de Sócrates, Platão, Aristóteles e tantos outros sábios, isso há mais de 2.000 anos. Agora compreendemos que eles vieram de Planos Superiores, pois conceber a inteligência de Einstein, Leonardo da Vinci e inúmeros prodígios em todas as áreas – na música, Beethoven; na literatura, Shakespeare, Cervantes; na pintura, Picasso –, como se fossem criações especiais, é não crer na Justiça da evolução e, portanto, na Justiça Divina.

Se acreditássemos que eles vieram prontos para a Terra ou já nasceram assim, ninguém aceitaria tamanho privilégio de Deus.

Não conceberíamos a presença de Pavarotti pronto. Mas os referidos sábios e gênios, durante milênios desenvolveram suas aptidões, com todo tipo de esforço e renúncia. Tanto é verdade que Thomas Edson disse, quando do registro de patentes suas, que tudo dependia de um gigantesco esforço e de apenas um por cento de inteligência e que muitos inventos haviam sido repetidos centenas de vezes até a sua conclusão. Nós não somos capazes de tamanha dedicação e renúncia em favor de ideais nobres, já que na segunda ou terceira tentativa desistimos. Por essa razão estamos em nosso estágio evolutivo, fruto de nossa imperfeição. Sempre queremos o mais fácil, a lei do menor esforço e, assim, não temos a mesma evolução dos gênios. Quem caminhou muito, com esforço, renúncia e dedicação, alcança um estágio bem maior que os outros. É isso que denominamos de livre-arbítrio reeducado e redirecionado em amplitude maior.

Mas não queremos dizer com isso que são seres especiais e, sim, seres que se fazem especiais (muitos chamados, poucos escolhidos), por mérito próprio, fruto de muito trabalho e de muito esforço. Por essa razão compreendemos que cada ser está num estágio de evolução e que esse estágio é conquista sua e de mais ninguém.

COMO SURGIU O HOMEM

Sabemos que a primeira reencarnação do homem não ocorre na Terra e nem a última. Assim, não sendo ser primitivo nem microscópico, como chegou até aqui?

Pierre Teilhard de Chardin leciona: *"Há uma necessidade de conceber um Criador inteligente para criar seres inteligentes e não o conceito de uma sequência espontânea de mutações aleatórias, com a sobrevivência dos mais aptos, como a visão de Darwin".*

E continua...

"Precisamos remontar ao livro O fenômeno humano *para entender a ideia original de uma Evolução que se processa por etapas, organizando-se em leques, que produzem novos galhos para a Árvore da Vida. Cada leque, sendo o resultado de um paroxismo que forma um nó, criando em sua potencialidade de Vida. Interiorizada nesse nó, a raiz estruturada de um novo galho sob a forma de um novo leque, o qual se expande lateralmente, em um movimento ascendente, até a máxima especialização de cada ramo, e quando alcança essa especialização última, tende – como todos os outros leques – a se inclinar sobre si mesmo, em um movimento curvo em torno do eixo central, seguindo a direção geral de um mundo que se inclina sobre si mesmo.*

A Noosfera, pari passu com a Evolução da Vida e do Homem, desenvolve-se em harmonia ao lado do pensamento humano. Ela também se inclina sobre si mesma, seguindo a evolução do cérebro humano e em uma tendência generalizada de um mundo que se enrola sobre si mesmo. O pensamento humano, cada vez mais especializado e mais interiorizado, cria uma curvatura na Noosfera, enquanto podemos dizer que tudo o que sobe, converge".

Aqui temos as duas visões sobre evolução ou teorias: evolução orgânica/ fisiológica e criacionista.

Vimos que somente os seres rudimentares surgiram espontaneamente. Agora estamos diante do ser mais complexo e completo da natureza. Não pode ter surgido espontaneamente pelos motivos já estudados. Não pode ser fruto da descendência dos macacos, vez que os macacos, cruzando-se entre si, há milhões de anos, continuam até hoje gerando macacos, o que não podia ser diferente, pois a natureza já nos deu provas concretas de outra possibilidade e, recentemente, os cientistas, na análise do DNA do macaco e do homem, constataram que são seres de espécies diferentes e que não se reproduzem a ponto de um ter gerado o outro. Concluíram que o homem não é descendente do macaco e que o homem está na Terra há pouco mais de 150.000 anos, sendo que o macaco ultrapassa a casa dos 7.000.000 de anos. Sempre espécies iguais gerando espécies iguais.

Vimos, anteriormente, no presente estudo, que ninguém é descendente de ninguém ou, melhor dizendo, que cada ser, seja vegetal, animal ou o próprio homem, tem compromissos próprios com a sua evolução. Não há transformação de um ser em outro, nem linhagem alguma que possa originar essa situação que teimosamente a ciência apregoa, mas que tudo está rigidamente comandado pela Ciência Divina, em que cada ser tem sua evolução própria até concluí-la, em forma de compromisso. Assim, como entender a chegada do homem na Terra? De onde veio? Por que veio? O que está fazendo aqui? Surgiu de uma hora para outra, fruto da descendência do macaco? O macaco evoluiu ao ponto de se transformar ou de dar uma descendência humana? Impossível!

Embora Zuckerkandl e Pauling (1962) concluíssem que tenha ocorrido mutação genética nos primatas por volta de alguns milhões de anos atrás e, ainda, Irwin Stone tenha dito que o homem e os primatas, em razão da mencionada mutação, tenham perdido a capacidade de sintetizar a vitamina C, isso não quer dizer que o homem seja descendente dos primatas, vez que referida mutação também ocorreu nos morcegos frutívoros, no rouxinol de venta vermelha, em razão do meio ambiente ter-lhes propiciado quantidade suficiente do acido ascórbico. Portanto, sem razão, Pauling (Linus Pauling) afirmou que a linhagem dos primatas deu origem aos humanos – ainda mais porque o genoma humano é como um livro escrito em código, com três bilhões de informações. Cada pessoa tem uma versão exclusiva dele, com milhões de pequenas diferenças com relação a todos os outros.

No referido genoma não encontraram nenhuma prova da descendência do humano ou que seja uma espécie modificada ou melhorada do macaco.

Buscar a solução via matéria é perda de tempo, já que matéria é somente energia. Observe um tecido de seu corpo e verá que é feito de células, com espaços entre elas. Uma célula contém gordura, proteína e líquido. Essas substâncias menores, chamadas de átomos, apenas para fins didáticos, guardam espaços entre elas. Por sua vez, essas mesmas energias, formadas de partículas menores, ou seja, energia diferenciada, com os nomes de prótons, elétrons, nêutrons, ainda guardam partículas minúsculas, que receberam o nome de *quarks*, que também guardam espaços. Assim, se os *quarks* fossem matéria, o corpo humano caberia na cabeça de um alfinete. Tudo, segundo Einstein, é energia, com o que concordamos totalmente. Essa energia condensada recebe o nome de matéria. Daí a equação $E = mc^2$. Ou seja, para condensar um corpo humano, com a energia gerada por uma hidrelétrica de médio porte, seriam necessários mais de 300 anos de geração contínua, 24 horas por dia.

NOSSOS ANTEPASSADOS

Avancemos mais e procuremos recriar o passado diante das pistas quase apagadas. É tarefa árdua reservada somente ao cientista, ao arqueólogo – que se vale de pedaços de vasos, urnas, pedras, marcos na natureza e ao paleontólogo – que busca, via fóssil, o processo de evolução, encontrando um fragmento aqui, outro ali, em outro lugar, outra parte, e tenta reconstituir o esqueleto de alguma espécie, geralmente extinta. Pelo estudo das rochas, sua composição, suas camadas e suas marcas, o geólogo conta a história da Terra e das variações na composição química, estrutura cristalográfica e profundidade das referidas rochas. Tudo leva a crer que a Terra está em constante evolução, bastando atentar para a superfície da lua, com milhares de crateras.

O que se passa por lá, passou-se por aqui, embora lá tenha sido em menor número. O mesmo acontece em todas as moradas celestiais de que se tem notícia. Os estudos científicos nos mostram as diferenças de datas de nossas crateras, variando de 50 mil a milhões de anos, o que vem demonstrar que a Terra está em contínuo processo de evolução.

De uma coisa temos certeza: o homem, quando de sua criação, dotado que foi de simplicidade, ignorância, passou a receber o uso da razão, bem como da consciência, do livre-arbítrio, da sua cultura cumulativa, da sua capacidade de usar tais recursos em seu próprio benefício e da sua constante evolução.

Eis que atravessou todos os reinos da natureza, gastando, para tanto, bilhões de anos, no eterno aprendizado. Seu pensamento agora é ininterrupto. A hipnose ou a pesquisa de nossas vidas passadas (altamente condenada por não se tratar de terapia, mas de abuso da Lei Divina, que colocou um véu em nosso passado, porque não é bom e nem é útil, nem mesmo a moderna psicoterapia transpessoal, mostrando-nos um passado que é nosso) trazem-nos recordações de outras vidas, vividas por nós. Diferente, portanto, de todos os outros animais e dos demais seres vivos. Em outras palavras, completo. Assim concebemos que o Pai tenha feito sua parte, restando-nos fazer a nossa, buscando a evolução a caminho da luz. Nosso Pai quer que nossa evolução seja fruto de nosso esforço direcionado para o bem e temos certeza de duas coisas: de que Ele não tem um filho para jogar fora e espera, pacientemente, durante milênios, pela nossa evolução, que ocorre a exemplo de uma escada, de degrau em degrau, e mais, que o princípio de nossa criação e de todos os seres é a evolução eterna, tanto da inteligência quanto das leis morais.

Cada degrau evoluído é uma conquista que não se perde jamais, constitui nosso tesouro. E, assim, de conquista em conquista, de degrau em degrau, galgamos a nossa escala evolutiva. Podemos aplicar aqui o adágio popular: "O homem vive aprendendo e morre sem nada saber".

Finalmente, vale aqui registrar que se todas as nossas células são renováveis, inclusive os neurônios, como explicar a presença de nossa memória que, em certos casos, chega a atingir mais de noventa anos? Já que a teoria darwiniana explica a evolução orgânica, os criacionistas não dão resposta a essa indagação, mas uma corrente de cientistas, liderada pelo sábio Rupert Sheldrake leciona o campo imaterial e, aí, como armazenar a memória sem a perpetuação, por igual período, dos nossos neurônios de oitenta ou mais anos? Ficamos com a lógica de que somente uma explicação imaterial pode dar solução ao enigma da memória, que muitos pensam ser material.

ESPÉCIES ANIMAIS E SUAS CULTURAS

Há, no mundo, algo em torno de 40 espécies de baleia, mas essa é uma estimativa ainda não concluída.

Um número preciso deve demorar a surgir, porque é provável que ainda haja espécies desconhecidas ou não caracterizadas.

Pesquisadores japoneses, por exemplo, relataram há algum tempo a descoberta de uma nova espécie (aparentada com a baleia-fin) e constataram que a baleia-de-Bryde pode se subdividir em duas espécies. Além disso, dependendo do critério de classificação, o número pode variar, porque algumas espécies são evolutivamente mais próximas dos golfinhos.

Outra dificuldade dos pesquisadores é que algumas baleias possuem população muito pequena, já em risco de extinção. Por causa disso, a caça comercial desses mamíferos está embargada desde 1985, apesar de países liderados pelo Japão reivindicarem o fim da proibição.

Veja a seguir algumas das baleias mais conhecidas e suas peculiaridades.

Baleia-Cinzenta (*Eschrichtius robustus*) – até 14 metros

É a espécie com maior trajetória de migração. Reproduz-se durante o inverno na costa oeste do México e no verão segue para o Mar de Bering, no Ártico, região mais farta em alimentos, numa viagem de 20 mil quilômetros. Caçadores a chamavam de peixe-do-diabo, porque reagia com extrema violência para proteger seus filhotes.

Baleia-Minke (*Balaenoptera acutorostrata* e *Balaenoptera bonaerensis)* – até 9 metros

Divide-se em duas espécies, uma em cada hemisfério do planeta.

Aguenta ficar submersa por 20 minutos, entre uma respiração e outra.

Ela e outras baleias do tipo Mysticetes (todas as mostradas aqui, exceto orca e cachalote) não possuem dentes, mas fibras, que prendem crustáceos e peixes pequenos.

Orca (*Orcinus orca*) – até 10 metros

A mais rápida das baleias, na verdade, é da família dos golfinhos e pode atingir velocidades de 55 km/h. É a espécie com maior nadadeira dorsal, que chega a medir 1,8 metro em machos. Ganhou o apelido de "baleia assassina" porque, às vezes, alimenta-se de outros mamíferos marinhos, inclusive baleias maiores que ela.

Baleia-Azul (*balaenoptera musculus*) – até 26 metros

É a maior baleia e também o maior animal do planeta, podendo pesar até 120 toneladas. Come quatro toneladas de krill por dia (o equivalente ao peso de um elefante). Quando espirra água, o jato pode atingir até 12 metros de altura.

Baleia-de-Bryde (*Balaenoptera edeni*) – até 15 metros

É a espécie mais "caseira" de baleia. Não migra quase nada e passa o ano todo em águas tropicais e subtropicais. Seu nome foi uma homenagem a Johan Bryde, construtor do primeiro porto baleeiro da África do Sul, em 1909.

Baleia-Fin ou Baleia-Comum (*Balaenoptera physalus*) – até 24 metros

É a que vive por mais tempo. Alguns indivíduos chegam a 100 anos de idade. Seu canto (na verdade um sonar para orientação) é um dos mais fortes e pode ser ouvido a 850 km de distância.

É a segunda maior baleia do mundo.

(publicado na revista *Super Interessante* em 31/8/1988 e na Internet).

A cultura das abelhas

Durante quase dois meses, a rotina de um grupo de biólogos foi estudar o comportamento de abelhas da espécie *Trigona hyalinata* em uma fazenda no município de São Simão (SP).

Os pesquisadores acabaram descobrindo como tais insetos, classificados como meliponíneos (sem ferrão), trocam informações sobre a localização de alimento e agem para escondê-lo das abelhas de outras colônias.

"Enquanto algumas espécies fazem trilhas da fonte de alimento até a colmeia, a *T. hyalinata* deixa marcas mais curtas, impedindo que operárias de outros grupos descubram onde está a comida", disse Felipe Contrera, aluno de doutorado do Instituto de Biociências do Departamento de Ecologia da Universidade de São Paulo, à Agência Fapesp.

Contrera é um dos autores da pesquisa, junto com o ambientalista Paulo Nogueira Neto, um dos mais conceituados estudiosos do comportamento de abelhas no Brasil, e James Nieh, professor assistente da Universidade da Califórnia San Diego (UCSD).

As abelhas deixam o odor mais concentrado em uma das pontas do caminho, justamente onde fica a comida. Inicialmente esparsos, os pontos de cheiro vão aparecendo em maior quantidade conforme as operárias se aproximam das flores escolhidas.

De acordo com Contrera, o odor vem de uma secreção produzida pelas glândulas mandibulares dos insetos e dura em média 15 minutos. É o tempo necessário para que o alimento seja identificado pelos outros insetos da colônia.

Uma área de secagem de café foi escolhida para a observação. Por ser muito quente, o ambiente não tinha muita vegetação, o que favoreceu os pesquisadores na indução das abelhas.

O grupo uniu dois tripés com uma corda, instalando um alimentador artificial em uma das pontas. Na extensão da corda foram colocadas folhas que funcionaram como marcação de caminho para as abelhas.

Assim, elas descobriram a comida, um xarope feito de água e açúcar com concentração definida e passaram a deixar rastros entre a fonte e o ninho, que ficava a alguns metros do local.

Considerada bastante agressiva, a *T. hyalinata* costuma "saquear" outras colônias, levando reservas de pólen e de mel.

De acordo com Contrera, alguns criadores de abelhas não gostam muito da espécie porque ela destrói as flores. A partir do momento em que a trilha é descoberta, um enxame se lança em busca de comida.

"Em grande número, as operárias são capazes de combater intrusos que estejam na fonte de onde elas desejam extrair alimento", disse o pesquisador.

Por causa do rastro de odor, elas não param no caminho, mesmo que encontrem flores igualmente apetitosas. De acordo com Contrera, a descoberta pode ajudar a entender como funciona a comunicação entre as abelhas e o uso de representações abstratas na transmissão de informações.

Conhecer os hábitos cotidianos dos insetos também possibilitará a orientação de criadores. Sabendo que espécies coexistem pacificamente e continuam produtivas, eles terão condições de refinar a produção. O estudo foi publicado na edição de 22 de outubro da *Proceedings of Royal Society* (Fonte: Agência Fapesp).

Todos os insetos têm o mesmo comportamento?

Agressividade das abelhas africanas

Abelhas (*Apis mellifera*) são insetos himenópteros (com dois pares de asas membranosas) que polinizam as plantas, produzem mel... e também picadas mortais.

Há cerca de 20.000 espécies de abelhas no mundo. O seu tamanho varia de 2 mm a 4 cm. Algumas são pretas ou cinzas, mas há as de cor amarela brilhante, vermelhas e verdes ou azuis metálicas.

As *abelhas africanas* ou "abelhas assassinas" descendem das Sul-Africanas, importadas em 1956 por cientistas brasileiros, com vistas à melhoria da produção de mel e, desde então, vem se cruzando com as abelhas europeias.

Em virtude de um acidente ocorrido em São Paulo (1957) – quando alguns enxames escaparam das colmeias –, grande área do Brasil é hoje povoada pela abelha africana, de extraordinária produtividade, mas também de grande agressividade. Sua marcha para o norte do continente há muito inquieta os criadores dos EUA.

Perigo constante

Trate as abelhas como você faria com qualquer outro animal venenoso, tal como uma cobra ou escorpião. Esteja alerta e afaste-se!

Você já imaginou o desespero de um tratorista ao ser atacado por um enxame, ao desmatar uma área qualquer? Ou um agricultor, no topo de uma escada, colhendo frutos num laranjal?

As ocorrências relacionadas a enxames representam 33% das chamadas ao Corpo de Bombeiros de Recife-PE, mas, segundo o oficial informante (dado coletado na Internet), dos 15 a 20 registros diários, só dois ou três envolvem ataque a pessoas. No Brasil já houve casos de pessoas atendidas em hospital com mais de 500 (quinhentas) picadas de abelhas.

Caso você seja picado por mais de 15 (quinze) abelhas ou se sentir qualquer sintoma além de dor e inflamação nos locais das picadas, procure auxílio médico imediatamente. Enquanto numa pessoa a picada provoca apenas dor e inchaço, em outras pode desencadear choque anafilático, com parada cardíaca e morte (pessoas alérgicas).

Conhecendo um pouco mais sobre a vida dos cupins

Ciclo de Vida e principais Castas de uma Colônia de Cupins

Os cupins pertencem à ordem Isoptera dos insetos e são conhecidas cerca de 2.000 espécies em todos os ecossistemas terrestres.

A ação dos cupins no meio ambiente natural é promover a ciclagem dos nutrientes vegetais e minerais, promovendo mistura e concentração desses elementos no solo.

A importância dos cupins muitas vezes está associada aos danos provocados na agricultura e nas áreas urbanas.

São insetos eussociais, cujo regime de vida está baseado na divisão específica de atividades dentro da colônia, que é realizada por indivíduos de castas específicas e morfologicamente distintos.

É comum as pessoas fazerem uma grande confusão quando encontram em seus jardins ou no interior de suas casas esses pequenos insetos alados e não sabem com certeza se são cupins ou formigas.

Formam pequenos enxames e são encontrados frequentemente nos finais de tarde durante os períodos de verão (chuvosos).

Diferenciar entre uma formiga ou cupim alado é bastante fácil. Na tabela a seguir estão listadas resumidamente algumas características morfológicas externas de cada grupo, e são facilmente reconhecíveis a olho nu. Bom trabalho!

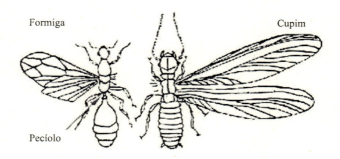

TABELA 1 – CARACTERÍSTICAS PARA DIFERENCIAR FORMIGAS DE CUPINS (INDIVÍ-DUOS ALADOS)

		FORMIGA	CUPIM
Cabeça	Olhos Mandíbulas Antenas	Presentes Bem desenvolvidas, Curtas Pouco segmentadas	Presentes pequenos Pequenas Segmentadas Longas
Tórax		Poucos segmentos Asas desiguais	Poucos segmentos Asas iguais, sobrepostas
Abdômen		Liga-se ao tórax por um delgado pecíolo*	Não possui pecíolo, de 9 a 10 segmentos
Outras			
Nome popular		Tanajura	Siriri, aleluia

FONTE: Elaborado pelo autor

Animais dóceis e agressivos

Triplica número de pit bulls abandonados em SP

Marina Gazzoni e Felipe Modenese

*Colaboração para a **Folha de S. Paulo***

A quantidade de cães da raça pit bull recolhida no Centro de Controle de Zoonoses (CCZ) de São Paulo é quase o triplo do total do ano passado. Até o dia 26 de setembro, o CCZ recebeu 943 cães pit bull – a maioria abandonados nas ruas. No ano de 2006, foram 350 cães.

De acordo com o subgerente de Vigilância e Controle de Animais Domésticos, Arquimedes Galano, 52, o CCZ recebe ligações de pessoas que encontram os animais abandonados e captura os cães nas ruas. Os donos têm três dias úteis para buscar os cachorros antes que eles sejam encaminhados para a adoção ou para o sacrifício.

No caso dos cães da raça pit bulls, não existe a opção de adoção e a única pessoa que pode salvar o cachorro da injeção letal é o próprio dono. "Para encaminhar um cão adulto à adoção é preciso um serviço de socialização que não podemos realizar", justifica Galano.

Os animais de raças consideradas agressivas, como pit bull e rottweiler, ficam em áreas separadas do CCZ e não podem ser vistos pelos visitantes. A direção do Centro não permite que eles sejam fotografados ou filmados pela imprensa. "Sinto que expor a imagem do cachorro motiva ainda mais o abandono", lamenta Galano.

Por trás de uma porta de metal com um cartaz que informa que ali estão os cães "invasores" e que pede que as pessoas não coloquem as mãos sobre a grade, oito cães pit bull e três cães rottweiler aguardam seus donos em celas individuais.

A estimativa do CCZ é de que 10% dos animais recolhidos são resgatados pelos donos, mas o percentual cai para 6% para os da raça pit bull.

Rejeição

Dona de oito cachorros e dois gatos, a empregada doméstica Maria do Carmo da Silva, 53, doou a cadela pit bull com cinco meses de idade para um amigo, que já tinha um macho.

Quando o animal matou o outro, passou a temer pela segurança da família, principalmente da neta, de dois anos. "Depois que ela matar todos os bichos vai virar para o lado da gente", pensou Maria do Carmo.

A empregada doméstica não foi a única que desistiu de ter um pit bull. Criador da raça desde 1999, Jefferson Martins, 25, não quer mais cruzar seus quatro cachorros. Ele reclama dos altos custos para a criação e da baixa demanda por filhotes. "Ninguém mais quer pit bull hoje em dia", desabafa.

Martins critica os proprietários que se impressionam com as reportagens sobre ataques de cães e abandonam os animais. Para ele, são casos isolados que aconteceram pela irresponsabilidade dos donos e criaram uma imagem negativa para a raça.

Adestramento

O criador defende que o próprio dono pode adestrar o cachorro com noções simples de obediência. Martins classifica os cães da raça pit bull como atletas, com capacidade para acompanhar o homem em qualquer atividade esportiva.

Martins insiste na necessidade do proprietário de dispor de tempo para levar o cachorro para passear. Segundo ele, a prática permite a socialização do animal com os seres humanos e o gasto de energia como forma de evitar a agressividade. "Se a pessoa não tem condição de ter um pit bull, não tenha. Compre um cachorro que não precisa gastar energia", frisa.

A raça surgiu no século 18, quando as rinhas entre ursos e cães eram populares na Inglaterra. O cruzamento do antigo bulldog inglês com o extinto terrier inglês buscou o desenvolvimento de uma raça selecionada para a força e o combate. Com a proibição das rinhas em 1835, uma nova seleção foi feita priorizando cachorros com temperamento mais equilibrado em relação aos agressivos. Em 1898, o United Kennel Club reconheceu o primeiro cão da raça pit bull. (disponível em: <http://wap.folha.com.b> – *Por que raças tão violentas vivendo no mesmo habitat de cães tão dóceis?*).

Um pássaro super "exótico"; não sei o que pode ser?

Ele é muito estranho. Encontrei-o naquelas árvores fechadas em formato de bola, seu ninho era como uma bola de gravetos.

Onde o filhote estava, tinha desde algodão até pele de cobra.

Quando o peguei, ele defecou em mim um líquido amarelado e mal cheiroso, arrepiou um penacho na cabeça e começou a dar uns botes, igual a uma cobra. Tinha os pés grandes, cinzas e para trás, igual de um periquito, uns olhos estranhos. Parecia mais um bicho do que um pássaro. Era rajado de preto e marrom, à noite fazia uns barulhos esquisitos, igual a um ventilador. Fiquei o dia todo de tocaia, mas não vi nem o pai nem a mãe e só tinha ele no ninho. Obrigado. Qualquer palpite vale.

Melhor resposta – escolhida pelo autor da pergunta:

Pela descrição deve ser uma ave que habita regiões ribeirinhas. Deve ser o *Nycticorax nycticorax* ou arapapá-de-bico-comprido. Eles têm hábitos noturnos, caçam e alimentam seus filhotes à noite, por isso você não os vê. São horríveis e parecem ser aleijados quando bebês, depois ficam lindos! Esse mau cheiro é uma defesa da espécie e cheira mal por causa do peixe que eles comem. Os pais fazem barulhos estranhos à noite. Os ninhos são lindos e bem artesanais. (disponível em: <http://www.answers.yahoo.com.br>).

E a biodiversidade vegetal

Em 1990, foi iniciado um trabalho na Embrapa – Recursos Genéticos e Biotecnologia, para determinar a distribuição da diversidade vegetal na Amazônia. Hoje, existe uma base de dados com a distribuição de mais de 3.500 espécies, capaz de gerar mapas por gênero, família ou total. A partir de 1997, o estudo passou a ser coordenado pela Embrapa Amazônia Ocidental, em colaboração com Inpa, FUA, Embrapa Amazônia Oriental, Museu Paraense "Emílio Goeldi" e UFMT, com uma pesquisa para determinar o tamanho da flora amazônica, estimar a probabilidade de coletar espécies novas em diferentes partes da região e continuar com a determinação dos padrões de distribuição.

Para uma estimativa preliminar do tamanho da diversidade, foram registradas todas as espécies coletadas na Amazônia brasileira existentes no herbário do Inpa. Essa informação, junto com o levantamento dos outros herbários regionais, permitirá uma estimativa mais precisa da diversidade.

Importante salientar que apenas na Amazônia e na face da Terra, sendo que uma não é idêntica à outra, isso é uma prova de evolução, pois caso contrário teríamos apenas uma espécie, com todos os fitoterápicos nela contidos, o que não acontece.

O que é biodiversidade?

O termo biodiversidade – ou diversidade biológica – descreve a riqueza e a variedade do mundo natural. As plantas, os animais e os microrganismos fornecem alimentos, remédios e boa parte da matéria-prima industrial consumida pelo ser humano.

Para entender o que é a biodiversidade, devemos considerar o termo em dois níveis diferentes: todas as formas de vida, assim como os genes contidos em cada indivíduo, e as inter-relações ou ecossistemas, na qual a existência de uma espécie afeta diretamente muitas outras.

A diversidade biológica está presente em todo lugar: no meio dos desertos, nas tundras congeladas ou nas fontes de água sulfurosas. A diversidade genética possibilitou a adaptação da vida nos mais diversos pontos do Planeta. As plantas, por exemplo, estão na base dos ecossistemas. Como elas florescem com mais intensidade nas áreas úmidas e quentes, a maior diversidade é detectada nos trópicos, como é o caso da Amazônia e sua excepcional vegetação.

Por que a diversidade biológica dos vegetais não é a mesma?

Quantas espécies existem no mundo?

Não se sabe quantas espécies vegetais e animais existem no mundo. As estimativas variam entre 10 e 50 milhões, mas até agora os cientistas classificaram e deram nome a somente 1,5 milhão de espécies. Entre os especialistas, o Brasil é considerado o país da "megadiversidade": aproximadamente 20% das espécies conhecidas no mundo estão aqui. É bastante divulgado, por exemplo, o potencial terapêutico das plantas da Amazônia.

A *Revista I* (edição n° 520, de 5/5/2008, pág. 18), registrou a seguinte notícia: "Palmas (TO) – Os 'novos' animais do Cerrado – Cientistas descobriram um lagarto sem pata, um sapo com chifre e um pica-pau-anão no Cerrado brasileiro. Uma expedição de quatro semanas na Estação Ecológica da Serra Geral do Tocantins encontrou os animais e outras 11 espécies desconhecidas. O lagarto *Bachia genus* tem o formato e o rastejar similares aos da cobra, mas pertence a outra espécie". Trata-se de espaço geográfico de extensão insignificante se comparado com o território do Brasil, mesmo sem levar em conta o restante do planeta.

O que é a convenção da biodiversidade?

A Convenção da Diversidade Biológica é o primeiro instrumento legal para assegurar a conservação e o uso sustentável dos recursos naturais. Mais de 160 países assinaram o acordo, que entrou em vigor em dezembro de 1993. O pontapé inicial para a criação da Convenção ocorreu em junho de 1992, quando o Brasil organizou e sediou uma Conferência das Nações Unidas, a Rio-92, para conciliar os esforços mundiais de proteção do meio ambiente com o desenvolvimento socioeconômico.

Contudo ainda não está claro como a Convenção sobre a diversidade deverá ser implementada. A destruição de florestas, por exemplo, cresce em níveis alarmantes. Os países que assinaram o acordo não mostram disposição política para adotar o programa de trabalho estabelecido pela Convenção, cuja meta é assegurar o uso adequado e proteção dos recursos naturais existentes nas florestas, na zona costeira e nos rios e lagos.

O WWF-Brasil e sua rede internacional acompanham os desdobramentos dessa Convenção desde sua origem. Além de participar das negociações da Conferência, a organização desenvolve ações paralelas, como debates, publicações ou exposições. Em 2006, a reunião ocorreu em Curitiba - PR. (disponível em: <http://www.educar.com.br>).

O cultivo de plantas para o biodiesel

Dendezeiro e mamona são espécies exóticas no Brasil

Quarta-feira, 06 fevereiro 2008

Folha de S. Paulo

A preocupação desenfreada com produção de biocombustíveis no Brasil também causa alerta entre os cientistas que estudam espécies invasoras. Afinal, o dendezeiro (*Elaeis guineensis*) e a mamona (*Ricinus communis*) são plantas que estão longe de serem consideradas como genuinamente nacionais.

"O uso do dendezeiro no Brasil é totalmente desaconselhável", afirma Sílvia Ziller, que faz parte do Programa Global de Espécies Invasoras, patrocinado pela ONG The Nature Conservancy.

O grupo acaba de expedir um documento alertando para o uso de plantas com potencial invasor na produção de biocombustíveis. Os dois casos presentes no Brasil já são listados sob o rótulo de "espécies invasoras" – a categoria considerada como a mais perigosa pelo estudo para a biodiversidade regional.

"No caso do Brasil, o risco para a biodiversidade é enorme, ainda mais se áreas muito grandes forem ocupadas. O mais indicado seria utilizar espécies nossas, como a carnaúba e o buriti", afirma a pesquisadora brasileira.

É sempre melhor optar por plantas nacionais.

O dendezeiro é originário da região oeste da África e invade, além do Brasil, a Micronésia e a Flórida. Em compensação, a mamona já é muito mais cosmopolita. Segundo o documento, ela está no Brasil, na Austrália, nas ilhas do Pacífico, na Nova Zelândia, na África do Sul, no México, nos Estados Unidos e na Europa Ocidental.

"Antes de começar qualquer atividade em grande escala", diz o relatório sobre espécies invasoras, "o mais indicado é fazer uma grande avaliação de risco das espécies que serão usadas na produção dos biocombustíveis. É sempre melhor optar por plantas nacionais".

Esse planejamento é ainda mais recomendável para países que contam com pouca experiência em detectar o impacto que as espécies invasoras podem ter em suas fronteiras.

A espécie exótica só deve ser considerada, para os autores do trabalho se o custo-benefício for muito alto. Mesmo assim, os problemas poderão ocorrer.

Código de conduta voluntário para produtores, comerciantes e usuários de plantas ornamentais

Um código de conduta voluntário é um conjunto de regras sobre práticas éticas e responsáveis a serem seguidas para evitar ou promover determinadas questões. O intuito de aplicar códigos de conduta voluntários é valorizar o trabalho daqueles indivíduos ou daquelas empresas que se preocupam em desempenhar seu trabalho respeitando preceitos sociais e ambientais, além dos econômicos.

Um código de conduta voluntário nunca é imposto como uma lei e, sim, proposto. Sua aceitação se fundamenta no grau de preocupação dos signatários para o bem-estar comum, além do bem-estar individual.

Quem produz, comercializa, fomenta, cultiva ou distribui espécies de plantas ornamentais tem relação direta com a disseminação de espécies vegetais ao redor do planeta. A indústria de plantas ornamentais é, com frequência, responsável pelo maior conjunto de espécies exóticas invasoras presentes em diversos países, desde o Brasil à Austrália, Nova Zelândia e África do Sul.

Assim, podem causar prejuízos à biodiversidade, à sociedade, à economia e/ou à saúde humana já que ocupam o espaço de espécies nativas e modificam a dinâmica de ambientes naturais.

De acordo com os resultados do levantamento nacional sobre espécies exóticas invasoras realizado pelo Instituto Hórus e pela The Nature Conservancy para o Ministério do Meio Ambiente/Probio, 75,5% das espécies exóticas invasoras em ambientes terrestres foram introduzidas de forma intencional.

Desse total, 21,8% têm causa no uso ornamental, configurando o maior grupo de espécies introduzidas. Outros grupos considerados foram as plantas forrageiras, de uso florestal, para estabilização de solos, entre outros.

Apenas uma pequena parte das espécies introduzidas em uma região se torna invasora. Muitas dessas espécies exóticas necessitam de cuidados especiais para sobreviverem. Outras são plantas anuais e tendem a apresentar baixo risco. Essas poucas espécies que, uma vez introduzidas, conseguem se estabelecer e desenvolver processos de invasão, tendem a causar prejuízos inestimáveis que podem ser evitados.

No estado da Flórida, Estados Unidos, por exemplo, há um estudo mostrando que das 25.000 espécies cultivadas naquele estado, apenas 125 são invasoras problemáticas e que dessas, somente 40 eram comercializadas no mercado de ornamentais.

Ainda, dessas 40, apenas 13 representavam plantas comercialmente importantes. A adoção de procedimentos de análise de risco com base nas características biológicas e ecológicas das espécies pode ajudar a evitar a introdução de mais espécies com tendência a se tornarem problemas ambientais, econômicos, sociais ou culturais, assim como a configurarem riscos à saúde humana.

Um dos principais objetivos do código de conduta voluntário é criar uma barreira à introdução e distribuição de plantas reconhecida ou potencialmente invasoras mediante a realização dessas análises de risco.

Os códigos de conduta voluntários se dirigem a:

- agências governamentais ligadas ao setor de plantas ornamentais;
- produtores e comerciantes de plantas ornamentais;
- jardineiros e entusiastas da jardinagem;
- paisagistas e decoradores;
- jardins botânicos e arbóreos e
- usuários de plantas ornamentais, ou seja, o público em geral.

(disponível em: <http://www.nature.org>).

Onde estão nossos dinossauros, se ninguém morre?

Os *Thalassodromeus sethi, Anhanguera piscator, Cearadactylus atrox, Tupandactylus imperator,* Santanaparaptor, o Irritator e outros viveram no planeta no Período Cretáceo – período de 70 a 145 milhões de anos. Eles completaram seu ciclo evolutivo em outros orbes. Sem dúvida alguma, hoje são outras espécies e somente Nosso Pai pode dar essa resposta. Mas ninguém sabe dizer de sua linha genealógica posterior ao seu desaparecimento.

O mais rico de todos os fósseis encontrados nos depósitos de nosso país, o do Brasil Santana Formation, está classificado entre os maiores do mundo. O Santana Fósseis é conhecido não só por sua extrema diversidade, mas, mais importante ainda, pela natureza das suas pesquisas palenteológicas, sendo considerados pelos cientistas os melhores exemplos de fósseis existentes.

A formação prevê uma espantosa janela para o mundo paleobiota de um pré-histórico do Cretáceo Inferior, 110 milhões de anos atrás. O Santana Fósseis do Brasil foram os primeiros registrados no ano 1828 por dois historiadores naturais, o Dr. JB von Spix e Dr. PCP von Martius, encomendado pelo rei da Baviera.

Hoje em dia, eles ainda estão sendo estudados com muitas novas descobertas vindas a lume.

A nossa recente compra de fósseis de vertebrados da Formação Santana foi de uma coleção particular europeia e tem nos proporcionado inúmeras espécimes de qualidade espetacular que estão muito além da qualidade e integridade de qualquer coisa que temos visto nas mãos de particulares ou em museus.

Embora esses espécimes tenham sido originalmente recolhidos entre 1930-1942, haviam permanecido em seu estado bruto "como recolhidos" até muito recentemente, época em que foram preparados utilizando-se as mais modernas técnicas e equipamentos de laboratório, consequentemente, o seu notável estado de exibição. A ilustração definitiva do trabalho sobre esses fósseis, escrito pelo curador John G. Maisey intitulado "Santana Fossils", é apresentada com numerosos espécimes de propriedade do American Museum of Natural History (AMNH), em Nova York. Os espécimes que adquirimos excedem ou se igualam à qualidade dos melhores exemplares do American Museum mostrados nessa publicação.

Nessa coleção, extremamente rara e cientificamente importante, encontram-se restos de fósseis de Pterosaur da Formação Santana. O primeiro Pterosaur da Santana foi publicado recentemente, após 1971. Maisey escreve sobre ele: "No que se refere à excelente qualidade dos fósseis, à preservação e ao aumento do número de fósseis de Pterosaur que estão sendo coletados, a Formação Santana da Chapada do Araripe tornou-se um das mais importantes localidades de Pterosaur no mundo". Mais tarde, no mesmo capítulo, ele escreve: "Vale a pena salientar que, para o estudo morfológico do Pterosaur, os sedimentos da Formação Santana são certamente um dos mais importantes do mundo, porque a preservação do material é a melhor de muitas já relatadas".

A riqueza das recentes descobertas dessa área tem contribuído para uma fauna muito diversificada de novos Pterosaur. O valor científico dos fósseis de Pterosaur da Santana é incomensurável com novas e extraordinárias descobertas vindas à tona no momento presente. Restos de novas espécies continuam a ser encontrados nesses depósitos, mas estes espécimes são reservados para estudos científicos e para a exportação por uma única instituição autorizada. Nenhum fóssil foi autorizado a ser legalmente exportado para o mercado privado há várias décadas. A única esperança para um colecionador particular conseguir legalmente qualquer dos restos raros de Pterosaur da Formação Santana é adquirir um exemplar de uma antiga coleção particular, mas estas também são extremamente raras em número e dificilmente se encontra.

Meras palavras não podem plenamente enfatizar a extrema raridade, o inestimável valor científico e a importância deste modelo. A maioria dos Pterodactyl que continua a partir desta formação é da família Anhanguerid de Pterosaur. Recentes descobertas têm revelado uma segunda família de Pterosaur a partir desta formação, que incluem um grupo bizarro de Pterosaur ao qual este espécime provavelmente pertence. Estes são caracterizados por uma enorme crista, uma grande fenda nasopreorbital e pela falta de dentes. Em geral, os ossos fossilizados de Pterosaur são extremamente raros. Ao vivo, os ossos eram finos e parcialmente preenchidos com ar, o que os tornava extremamente delicados pelo design. Devido a isso, muito raramente se fazem os ossos sobreviver como fósseis. Os que permanecem isolados são encontrados em raras ocasiões, mas descobertas associadas e especialmente articuladas a estes fósseis são de uma extrema escassez e cientificamente importantes. Encontrar uma descoberta como esta é uma chance de "uma-vez-em-várias-vidas"! Esta é uma anatomia completa de crânio ultra raro ainda intacta com articulação original da mandíbula e vértebra cervical conforme encontrado na sua formação original de calcário.

É uma descoberta nova ou anteriormente conhecida no Brasil como do tipo Pterosaur grande da Formação Santana. Raramente se encontra um crânio completo de Pterosaur articulado com uma mandíbula inferior e vértebra cervical, que os tornam ultrarraros. Além disso, esse grande e completo crânio fóssil pertence a uma espécie nova e você tem os passos de uma descoberta científica historicamente inestimável neste espécime!

Detalhes muito raros deste modelo exposto incluem anatomia interna preservada, tal como as estruturas internas das grandes cristas sagitais. Tudo foi preparado em nosso próprio laboratório e todos os trabalhos realizados são dignos de confiança. Toda a anatomia deste crânio é original e nenhuma restauração foi realizada sobre este modelo. Toda a superfície exterior mostrado na pré-crista é tão perfeita que parece artificial, mas é 100% verdadeira e original, assim como todo o crânio, maxila e vértebra. Mais detalhes podem ser vistos na parte interior e este modelo é ideal para ser submetido à preparação com banho de ácido, mas este nível de preparação é reservada a uma instituição científica, para que possa estudar todos os materiais expostos, uma vez que se torna visível. Além disso, tal preparação torna o modelo muito mais frágil, o que nos fez optar por interromper neste ponto para mantê-lo em uma condição que possa ser transportado com segurança ao seu destino final. Jamais se viu e nunca mais se verá um crânio de Pterosaur tão raro como este. Este é, realmente, um modelo que estamos orgulhosos de ter preparado e de estarmos aptos de apresentá-lo ao público para aquisição. É difícil de se obter um crânio de Pterodactyl raro e completo. Talvez, especial atenção seria dedicada a este raro e magnífico exemplar por um paleontólogo que tenha se especializado em tal material.

Temos observado, nos últimos anos, no mercado, vários fósseis chineses de Pterosaur reconstruídos e falsificados, mas nunca um modelo como este, desde a Formação Santana do Brasil até agora. Além disso, trata-se de um modelo totalmente natural, com grade científica verídica que merece mais estudos científicos e display em museu. Certamente que possuir e exibir fóssil é tão importante para os próprios nacionais quanto para os museus mais prestigiados. Em sua publicação, o curador Maisey classifica os fósseis de Pterosaur da Formação Santana não como raros, mas como exóticos, e dá ênfase à sua extrema escassez. Estamos muito felizes e satisfeitos por fazer a preservação e manter a integridade de tão importante exemplar de Pterosaur e colocá-lo à disposição do setor privado do mercado. Esse fóssil seria um candidato perfeito para a aquisição e posterior doação a museu. O novo proprietário desse modelo científico iria provavelmente conseguir a sua publicação e nomeação baseado na probabilidade de que este é uma espécie nova, jamais descrita.

Nota importante:

John Maisey, no livro intitulado *Santana Fossils*, cita a prevalência no mercado de fósseis falsos. Os artesãos locais produzem uma ampla variedade de fósseis (alguns horríveis e outros extremamente convincentes). Esses compostos são extremamente convincentes porque são feitos com todas as peças verdadeiras, mas não necessariamente da mesma espécie! Frequentemente, quando faltam peças, elas são esculpidas a partir de uma mistura de gesso, pedra e poeira epóxi e, em seguida, pintadas para dissimular o trabalho. Alguns desses "fósseis" artesanais circulam no mercado de fósseis.

Descrevendo uma variedade de técnicas e tipos de falsificações, Maisey ainda mostra fotografias de alguns como referência para ilustrar a amplitude, a criatividade e a habilidade de alguns desses trabalhadores. Ele também aborda no texto a prevalência de outros fósseis falsos de insetos raros. Deve-se ter cautela na compra de fósseis usando-se uma abordagem prospectiva, não só quanto à legalidade do modelo, mas também quanto à divulgação, por um preparador qualificado e experiente de qualquer acessório ao modelo artificial. A garantia Paleo Direct de cada espécime da Formação Santana Formation espécime oferece autenticidade, com uma garantia total, vitalícia e certificado de autenticidade.

Raramente, os fósseis possuem a preservação daqueles encontrados na Formação Santana do Brasil, localizada no Planalto de Araripe. Os magníficos fósseis incluem uma vasta seleção de peixes, insetos e plantas, juntamente com a ocorrência rara dos restos de Pterosaur, dinossauros, rãs, tartarugas, jacarés e diversos invertebrados marinhos. Os fósseis da Santana são predominantemente constituídos por dois tipos, que são classificados como dois diferentes estratos – os primeiros membros Crato, que são encontrados em xistos argilosos e fino calcário, e as últimas camadas dos membros Romualdo, que são encontrados em volta do calcário. O menor estrato do membro Crato ocorre como fósseis em calcários laminados que foram depositados em um leito de rio intocado. Esses tipos incluem pequenos peixes e uma diversificada fauna de insetos e outros animais, sugerindo uma seca em um ambiente terrestre aberto. A rã foi encontrada em depósitos Crato junto à impressão contínua de um Pterosaur. Os fósseis membros Romualdo incluem uma grande variedade de peixes, plantas e casos raros de répteis, como crocodilos, tartarugas, dinossauros e Pterosaur. Mais impressionante é o fato desses fósseis concrecíveis serem preservados numa perspectiva tridimensional completa e, quando preparados com o máximo cuidado e habilidade, revelam que têm características e anatomia semelhante ao animal vivo.

O encontro exato desses dois membros permanece enigmático, embora os membros Crato sejam conhecidos anteriormente aos membros Romualdo. É possível que ambos estejam no mesmo fuso horário do Cretáceo Inferior. Apesar desses fósseis terem sido conhecidos há muito tempo, ainda há muito trabalho quanto ao estudo e à determinação do encontro e da plena amplitude da flora e da fauna da Formação Santana do Brasil.

O Pterosaur foi um réptil voador (vulgarmente designado por Pterodactyl "ala dedo"), da ordem Pterosauria. Eles existiam desde o Período Triássico ao Cretáceo (228 - 65 milhões de anos atrás), com as primeiras espécies do Triássico tendo cauda longa e maxilares com dentes. As formas posteriores tiveram a amputação da cauda, não tinham dentes e tiveram uma mandíbula mais como um bico alongado do que como a mandíbula das espécies anteriores.

Foram encontrados pelo menos 60 gêneros de Pterosaur, com tamanhos variando de um pardal a monstros com asas além de 40 pés! As asas eram fina membrana de pele, semelhante às asas do morcego, e estendidas ao longo dos lados do corpo.

Elas foram anexadas ao extraordinariamente longo quarto dedo de cada braço. Os ossos eram ocos e tinham aberturas em cada extremidade. Diferentemente dos répteis típicos, o Pterosaur tinha um externo que foi desenvolvido para os músculos de voo e um cérebro que se desenvolveu mais do que o dos dinossauros de tamanhos similares. Não existe qualquer evidência fóssil de penas. A maioria dos pesquisadores agora acredita que o Pterosaur adaptou-se para o voo ativo, não só deslizando como se acreditava anteriormente. Cem por cento original, como foi encontrado – a preservação e a integralidade ultrapassam a de qualquer espécime.

A coleta e a exportação da BRASIL foram fechadas e proibidas há muito tempo.

Provavelmente, foram os melhores crânios completos, com mandíbula inferior e vértebra cervical do grande Pterosaur crânio jamais encontrados.

O candidato perfeito para o derradeiro investimento para expô-lo em um museu ou para uma doação e publicação científica.

NÃO SOMOS COMPUTADORES

E, ainda, o mais importante, Nosso Pai possui recursos para a nossa criação com toda perfeição e, se não o fez é porque tudo Nele é sabedoria. Ele quer que a nossa evolução seja fruto de nossa vontade, pois senão onde estaria o mérito de nossa vitória, de nossa luta? E para que nossos sofrimentos, sem um objetivo maior? Imagine nossa criação dotada de toda perfeição!

Seríamos criaturas robotizadas, programadas, sem qualquer dificuldade ou esforço evolutivo, imprestáveis para nós mesmos.

Diante de tudo que estamos presenciando, vivenciando, sofrendo, endividando e pagando nossos débitos, estamos evoluindo ao preço de enormes sofrimentos, resgates, renúncias, chegando ao ponto de fazermos a nossa descoberta do amor, dos valores da caridade e do benefício que recebemos quando somos úteis a alguém. Tanto é verdade que não nos recordamos de nosso prato de comida ou do cardápio de uma refeição do mês passado – fato importante da nossa existência –, mas nunca nos esquecemos de um ato de caridade que nos beneficiou ou de um conselho que mudou o direcionamento de nossas vidas.

Na máxima "amai-vos uns aos outros", verificamos que Nosso Pai quer nossa felicidade, pois fazemos parte de uma família que se chama Humanidade e é impossível ofender o filho sem atingir ao Pai! Da mesma forma, é impossível querer amar ao Pai, detestando ao filho. Nossa criação é ato da mais profunda sabedoria, somos o mais completo e perfeito ser da criação Divina. Temos origens comuns e destinos galgados por nós, pois somos artífices de nosso destino, em razão de nosso conhecimento, de termos adquirido todos os elementos necessários para a nossa evolução. Somos, a exemplo de bezerro desmamado, donos de nossa vida e de nossa evolução, pois somos dotados do uso da razão e, portanto, donos de nossa felicidade bem como de nossa infelicidade.

Estamos prontos para galgarmos os píncaros dos planos mais felizes ou chafurdarmos no lamaçal de sofrimento criado por nós mesmos, já que tudo corre por nossa conta e risco.

Perdoe-nos, mas sem auxílio da religião não se pode falar em evolução, pois ela é a síntese do amor e da caridade, fatores potenciais da evolução. O cientista, na análise da evolução, afasta-se da religião, legando-a a planos inferiores. Tudo leva a crer que sente vergonha de associar sua pesquisa ao somatório da religião. Gosto mais de nosso estudo, sinceramente, por nos dar paz de espírito e alegria. Fico com nossa obra! A Filosofia e a Ciência têm sido flores sem perfume, luzes sem o devido calor e até mesmo sem vida, por não se tocarem do perfume e da luz do amor, despidas que são de sentimentos nobres, vertendo-se de orgulho, que também expressa a falta de evolução moral.

A CIÊNCIA E O ANCESTRAL DO HOMEM

Na ciência, na classe dos mamíferos, o homem pertence aos bímanos, à ordem dos quadrúmanos, animais de quatro mãos, em que temos os macacos, o orangotango e o chimpanzé (denominado homem da floresta).

Da semelhança de formas exteriores que há entre o corpo do homem e o do macaco, os cientistas concluíram que o primeiro é uma transformação do segundo, o que, pelos estudos que fizemos, é impossível. Basta atentar para os seguintes fatos: do cruzamento de chimpanzés nascem chimpanzés há milênios, tanto quanto do João-de-barro nasce João-de-barro. Portanto não há razão de ordem científica para tal afirmação, nem lógica e, conforme ficou dito, a análise do DNA demonstrou a impossibilidade genética dessa paternidade.

Ainda sobre a fidelidade...

Há diferenças biológicas entre machos e fêmeas, quer na espécie humana e nas outras espécies de vertebrados superiores. Essas diferenças biológicas promovem comportamentos diferentes para ambos no que diz respeito ao sexo. No entanto, no caso da espécie humana, há camadas adicionais que condicionam os comportamentos sexuais, como a cultura ou a importância da afetividade. Isso gera uma complexidade de comportamentos sexuais que não existem nas outras espécies de mamíferos e também a proliferação de vários padrões de comportamento em cada sexo – me parece reducionista levar isso ao pé da letra, ou seja, dizer que os homens são tipicamente infiéis e as mulheres não.

Em primeiro lugar, temos que colocar que o comportamento sexual está associado a estratégias de reprodução. Cada espécie apurou o comportamento que assegura a cada indivíduo as melhores hipóteses de se reproduzir e passar, assim, os seus genes à geração seguinte, ou seja, o comportamento sexual de cada espécie está otimizado para maximizar as hipóteses de sobrevivência dessa mesma espécie (lembrando Darwin).

Assim, tomando como exemplo os mamíferos, pode-se observar que o comportamento mais frequente nos machos é poligâmico e nas fêmeas é monogâmico. Esse é o comportamento mais adequado à perpetuação das espécies de mamíferos tendo em conta a forma como se reproduzem: a fêmea origina poucos descendentes (porque é responsável pela gestação e amamentação), portanto, para maximizar as probabilidades de sobrevivência da sua prole, necessita se acasalar com o melhor macho que esteja ao seu dispor (o que apresenta as melhores condições de adaptação ao meio). Assim, a fêmea acasala apenas com um macho. Por outro lado, o macho pode acasalar com muitas fêmeas, já que normalmente não cuida da criançada, e com quantas mais acasalar, maiores são as probabilidades de os seus genes existirem em gerações futuras. Então ele acasala com todas as que puder.

Comportamento de animais num zoológico

O comportamento dos animais de um zoológico da província de Cantão, propensa a sofrer terremotos, tornou-se uma das melhores armas para prever o fenômeno, informa hoje o jornal *China Daily*.

Com mais de cinco mil animais, o Zoo de Cantão tem vários pontos de observação de pavões reais, rãs, serpentes, tartarugas, cervos e esquilos. Os pesquisadores registram as suas reações e informam ao departamento sismológico municipal.

"Descobrimos que muitos animais se comportam de maneira estranha antes de um terremoto", explicaram os analistas sismológicos. "Por exemplo, os animais que estão hibernando despertam e fogem de suas casas, enquanto os animais aquáticos pulam da superfície da água". Observando esses comportamentos, eles esperam "prevenir melhor os terremotos e ajudar a salvar vidas".

Segundo o departamento sismológico, antes de um movimento sísmico, surgem reações anormais em cerca de 130 animais do zoo. "Os roedores e as serpentes, por exemplo, não deixam seus abrigos durante o dia. Mas quando perto de acontecer um terremoto, fogem o mais rápido possível", explicou Chen Honghan, subdiretor do zoo. "Outros animais, como girafas e hipopótamos, também são muito sensíveis aos desastres naturais", disse.

"O 'sexto sentido' de alguns animais é mais agudo que o dos humanos", afirmou Liu Xiaoming, diretor do Centro de Pesquisa e Desenvolvimento de primatas do Instituto de Animais em Vias de Extinção do Sul da China.

O uso de animais como detectores de terremotos não é novo na China. A região autônoma de Guangxi, também no sul do país é famosa por sua abundância em serpentes, utiliza os répteis para detectar melhor os tremores.

A Agência de Sismologia de Nanning, a capital regional, colocou câmeras de vídeo em fazendas de serpentes a fim de controlar seus movimentos 24 horas por dia, em busca de comportamentos estranhos.

Olhando para os primatas – e pelo pouco que conheço sobre eles –, começa-se a ver alguma modificação desse padrão simples de comportamento devido à complexidade da sua parte emocional e das interações sociais.

Por que as espécies não têm o mesmo comportamento já que se abrigam no mesmo habitat?

Habitat das profundezas marinhas

Habitats das profundezas

As águas superficiais do oceano são bem iluminadas, bem misturadas e têm a capacidade de suportar ativamente a fotossíntese de algas. Abaixo dessa zona as condições mudam drasticamente. Entre os 200 e os 1.000 m (zona mesopelágica) a luz vai se extinguindo gradualmente e a temperatura baixa para um termoclima quase permanente, entre os 4° e 8°C. O nível de nutrientes, o oxigênio dissolvido e a taxa das correntes também diminuem, enquanto a pressão aumenta. Abaixo dos 1.000 m (zona batipelágica), as condições são mais uniformes até o fundo ser atingido (zona bentônica profunda). O fundo é caracterizado pela completa escuridão, temperaturas baixas, poucos nutrientes, nível reduzido de oxigênio dissolvido e elevadas pressões. Esse ambiente é o mais extenso habitat aquático na Terra. Com a profundidade média dos oceanos de 4.000 m, cerca de 98% da sua água é encontrada abaixo dos 100 m e 75% abaixo dos 1.000 m.

A vastidão desse ambiente, acoplado com a provável estabilidade ao longo do tempo geológico, levou ao desenvolvimento de uma diversa e quase bizarra ictiofauna, que compreende 11% de todas as espécies de peixes conhecidos. Provavelmente, os peixes mais numerosos existentes são as formas pelágicas pequenas (menos de 10 cm), principalmente os "bristlemouths" (*Cyclothone*). A presença de numerosos e pequenos peixes dá a impressão de um falso fundo, quando são recebidos os impulsos de um sonar.

Diversidade e distribuição dos peixes de profundidade

O sistema moderno de classificação de seres vivos em geral e de peixes de profundidade em particular data de 1753, quando o sueco Carl Linnaeus introduziu o seu sistema da nomenclatura binomial.

A descoberta e descrição de novas espécies têm continuado desde então, e de acordo com Cohen (1970), os peixes demersais profundos constituem 6,4% do total de peixes cartilagíneos e ósseos recentemente conhecidos, estando 1.280 espécies abaixo dos 200 m. Esses peixes ocupam áreas muito vastas, mas com condições relativamente estáveis e uniformes, sendo poucos os diferentes nichos disponíveis.

Os peixes oceânicos podem ser divididos em dois grandes grupos, devido à sua ecologia – que é refletida nas suas adaptações morfológicas –, às afinidades taxonômicas, assim como à sua fauna parasita. As espécies podem ser pelágicas, vivendo em águas abertas, ou demersais, vivendo no fundo (bentônicos), ou imediatamente acima do fundo do oceano (bentopelágicos).

Enquanto as formas epipelágicas são grandes e robustas, como os tubarões ou atuns, os peixes meso ou batipelágicos, são pequenos. A ictiofauna demersal geralmente inclui, por sua vez, formas de maiores dimensões e mais robustas que as pelágicas, como quimeras, tubarões, raias, enguias, tipos de salmão e bacalhau. Em alguns grupos, só algumas espécies ou gêneros ocorrem na profundidade, existindo outros em que famílias e ordens inteiras estão restritas a esse ambiente.

As observações feitas em peixes demersais não são em grande número, sendo muitos tratamentos e investigações feitas com base em menos de mil amostras. Muitas espécies foram conhecidas por meio de pescas de arrasto a grandes profundidades, sendo recentemente utilizados submersíveis para constatar a diversidade e abundância das espécies no seu habitat. Essas técnicas não são muito rigorosas, faltando muitos conhecimentos sobre o seu potencial e seletividade.

Em 1898, Woodward escreveu que as formas vivas ultrapassadas, que não conseguiam competir com as raças vigorosas, tiveram que ocupar as águas doces ou as águas profundas. Essa questão de onde apareceram as formas mais adaptadas e para onde se retiraram as formas mais antigas, menos adaptadas e mais "fracas", continua a intrigar os cientistas e a fomentar literatura e debates científicos. Cinquenta anos mais tarde, Andriyashev (1953) considerou que a adaptação evolutiva dos peixes às profundidades tinha sido feita por dois grupos que teriam colonizado as profundezas em diferentes alturas.

As formas antigas eram Teleósteos primitivos, que teriam habitado toda a variedade de profundidades, dominando as faunas demersal, abissal e batipelágica de todo o oceano. Muitos exibiam adaptações estruturais à vida a grandes profundidades, como a proliferação de órgãos luminosos, modificações nos olhos e na bexiga gasosa.

As outras formas, que ele chamou de secundárias, seriam derivadas de diversos grupos filogenéticos e como teriam migrado para as profundezas muito mais tarde que os anteriores, não tinham desenvolvido adaptações externas tão especializadas para aquele ambiente.

Adaptações dos peixes de profundidade

As modificações morfológicas dos peixes das profundezas são o resultado, numa perspectiva evolutiva, das pressões seletivas que esse meio foi fornecendo ao longo do tempo. O conjunto de todas essas características, como a coloração, a estrutura mandibular, a musculatura, o posicionamento das barbatanas e os olhos, fornecem, para cada espécie, uma expressão morfológica que define e individualiza os diferentes nichos ecológicos.

O fenômeno de adaptação evolutiva inclui em si outras particularidades que não são tão óbvias, como as diferenças entre as estruturas morfológicas. A adaptação do animal no seu tempo de vida é um desses exemplos, e de modo a se obter uma compreensão generalizada de todo o processo de adaptação é necessário o estudo de vários espécimes em diferentes estágios de vida.

A grande maioria dos peixes que vivem nas profundezas tem um comportamento bentopelágico de modo a minimizar o gasto de energia. Nadam acima do fundo, permanecendo com uma flutuabilidade neutra devido à baixa densidade óssea e à bexiga gasosa. Mesmo espécies que vivem a mais de 5.000 m de profundidade, onde a pressão excede as 500 atmosferas, conseguem secretar gases para a bexiga gasosa por meio de um sistema de contracorrente que envolve glândulas altamente especializadas. A sua zona dorsal apresenta uma coloração escura, de modo a se confundirem com o ambiente. Essa coloração tanto pode ser conferida por pigmentação preta, como por pigmentação vermelha, por ser essa uma das primeiras cores do espectro visível a se perder quando a luz penetra nas águas oceânicas. Em regra geral, os flancos laterais desses peixes são metalizados de modo a refletirem a luz incidente, camuflando-os de todos os ângulos visíveis.

As adaptações mais padronizadas que os peixes, tanto pelágicos quanto bentônicos, sofreram quando migraram para as profundezas dos oceanos, tiveram a ver com o gradiente vertical de intensidade de luz.

A rápida diminuição na intensidade de luz com a profundidade resultou num aperfeiçoamento, ou modificação, nos sistemas sensoriais dos peixes bentônicos das profundezas. Surpreendentemente, ao contrário dos peixes pelágicos das profundezas, não ocorreu nenhuma diminuição de complexidade e tamanho dos seus sistemas oculares. Muitos dos teleósteos das profundezas possuem mesmo grandes olhos, com diferentes adaptações, de modo a aumentar a sua sensibilidade e campo visual.

A retenção de luz funcional e substancial, a profundidades abaixo dos 1.000 m, por parte dos olhos desses peixes, tem de ser em resposta ao fenômeno da bioluminescência. Muitos dos seres que coabitam nesse ambiente, incluindo invertebrados, possuem estruturas bioquímicas que lhes permitem a emissão de luz. Um dos seus pressupostos será o uso dessas estruturas, associadas aos órgãos de visão, para reconhecimento intra e interespecífico.

Curiosidades:

- Entre os cavalos-marinhos é o macho que dá a luz aos filhotes. A fêmea produz os óvulos e os coloca em um saco de incubação no abdome do macho. Lá, o macho lança os espermatozoides (fecundação externa) e os fertiliza. Nessa bolsa, os embriões se desenvolvem até o vigésimo primeiro dia, quando se dá o "parto". Podem nascer até 450 ou 600 filhotes de cada vez. Durante o período de gestação, a fêmea visita o macho e os dois realizam rituais de comunicação, que os aproxima. Nessa época, eles ficam mais brilhantes e "dançam" ao redor de uma planta marinha, agarrados pelo rabo.

- O peixe é riquíssimo em proteínas e fósforo, além de outras substâncias necessárias ao nosso corpo. É um alimento extremamente saudável. Deve ser consumido por todos, desde a infância.

Desde a Pré-História, em qualquer lugar do nosso planeta, o homem vem capturando peixes para se alimentar. A pesca, a venda e a industrialização constituem um ramo muito forte da economia de diversos países, como o Japão, a Noruega, a Rússia, Portugal, Peru etc.

O Brasil possui uma indústria pesqueira em grande desenvolvimento. Como tem um litoral de mais de 8.000 quilômetros, além de muitos rios – maior bacia hidrográfica do mundo –, conta com possibilidades de ser um dos maiores produtores mundiais de pescados e a garantia de alimentação de sua população (Fonte: Mundo Animal – Internet).

O desenvolvimento mental dos animais

Os animais pensam?

A imagem do chimpanzé nos lembra, com uma semelhança desconcertante, a famosa escultura do "homem que pensa", de Auguste Rodin.

Ela coloca uma questão muito forte aos estudiosos do comportamento animal: será que os animais possuem uma mente? Eles são capazes de ter sentimentos e pensamento?

É verdade que alguns dos comportamentos dos animais indicam que eles têm uma espécie de "modelo de mente" interior, ou seja, eles parecem ser guiados por um entendimento de que seus coespecíficos (ou mesmo seres humanos) possuem motivos e estratégias para se comportar como o fazem?

As respostas a tudo isso têm tremendas implicações, que vão da neurofilosofia à zootecnia, do ativismo pelos direitos animais à neurogenética evolutiva.

É claro que não devemos agrupar todas as espécies animais em um só grupo ao tentarmos responder essas questões. Praticamente, ninguém aceitaria a ideia de que as formas mais inferiores de vida, tais como as minhocas ou as moscas, sejam capazes de pensar e exibir consciência, planejamento em longo prazo ou raciocínio abstrato – marcas fundamentais de uma mente. Nem alguém duvidaria de que os primatas antropoides, como gorilas, orangotangos e chimpanzés (estes últimos, demonstrados recentemente como compartilhando a impressionante porcentagem de 98% do seu genoma com os seres humanos) possuam coisas que parecem ser pensamento e cultura. Assim, o Dr. Donald Griffin, professor emérito da Universidade Rockefeller e autor de *Animal thinking*, afirma que "a consciência não é uma entidade bem arrumadinha, do tipo tudo-ou-nada. Ela varia com a idade, a cultura, a experiência e o sexo. Se os animais tiverem experiências conscientes, então elas presumivelmente variam amplamente também".

A inteligência humana parece ser composta de várias funções neurais correlacionadas e que cooperam entre si, muitas das quais também presentes em outros primatas, tais como destreza manual, visão colorida estereoscópica altamente sofisticada e precisa, reconhecimento e uso de símbolos complexos (coisas abstratas que representam outras), memória em longo prazo etc... De fato, a visão científica corrente é que existem vários graus de complexidade da inteligência presente em mamíferos e que nós compartilhamos com eles muitas das características que previamente pensávamos ser exclusivas do ser humano, tal como a linguagem simbólica – que se comprovou também ser possível em antropoides. O estudo da evolução da inteligência humana forneceu evidências de que parece haver uma "massa crítica" de neurônios de ordem a conseguir consciência semelhante à dos humanos, linguagem e cognição, mas que essas propriedades da mente parecem estar já presentes em outras espécies com cérebros altamente desenvolvidos, embora em forma mais primitiva ou reduzida.

O problema é que os seres humanos sabem que outros humanos têm mentes iguais às suas, porque nós podemos compartilhar essas experiências entre nós, por meio da linguagem simbólica. Outros animais são incapazes de comunicar isso diretamente a nós, porque eles não têm linguagem ou introspecção.

Entretanto os estudiosos da comunicação simbólica dos antropoides, tais como os que fizeram experimentos que foram capazes de ensinar orangotangos, gorilas e chimpanzés a habilidade de usar linguagens artificiais, são rápidos em afirmar que eles têm evidências fortes de que isso é verdade. Experimentos com os chimpanzés Koko e Washoe e com o gorila Kenzi demonstraram que eles eram capazes de inventar novas palavras, construir frases abstratas e expressar seus sentimentos por meio da Linguagem Americana de Sinais (para surdos-mudos) ou linguagens simbólicas baseadas em computadores.

Muitos experimentos inteligentes foram imaginados com o objetivo de provar que os antropoides realmente parecem ter modelos de mente e que são capazes de representações da realidade bastante sofisticadas. Por exemplo, os chimpanzés conseguem localizar rapidamente um objeto oculto em um ambiente complexo, quando lhes é mostrado, mediante uma maquete miniaturizada, de onde eles estão.

Na natureza, sabe-se que os chimpanzés são capazes de elaborar roteiros e estratégias complicadas com o objetivo de enganar competidores e obter vantagens, mudar de lado ou atraiçoar-se mutuamente. Sabe-se, inclusive, que eles são capazes de mentir e dissimular, uma qualidade que é a quintessência da mente humana, que exige a capacidade de "observar a operação de sua própria mente" e de fazer operações mentais indutivas, dedutivas e abdutivas com base em informação externa.

Os chimpanzés reconhecem a si próprios em um espelho, por exemplo, uma proeza que nenhum outro animal é capaz (um exemplo é um pássaro que faz seu ninho em meu jardim e que todas as manhãs nos acorda com suas lutas furiosas contra sua imagem refletida nos vidros das janelas...).

Assim, podemos dizer que eles são capazes de autopercepção!

Os antropoides também são bastante aptos quanto à fabricação de ferramentas e ao seu uso para resolver problemas de forma adaptativa, o que evidencia notáveis habilidades mentais, uma capacidade para invenção e criatividade que, anteriormente, pensava-se ser uma exclusividade do *Homo sapiens*. Até mesmo o "campo sagrado" da mais poderosa das operações simbólicas mentais, a aritmética e a matemática, parecem não deter mais uma exclusividade humana. Experimentos com macacos Rhesus feitos por Herbert Terrace e Elizabeth Brannon demonstraram que os macacos conseguem entender relações ordinais entre os números de 1 a 9.

Inteligência, comunicação, aprendizado por imitação e consciência são necessários para outra característica única de nossa espécie – a transmissão de conhecimentos culturais. Por exemplo: um grupo de macacos do gênero Macaca, que habita há séculos a ilha Koshima, no norte do Japão, adquiriu e preservou por várias gerações o hábito de lavar batatas doces e arroz na água do mar. O isolamento populacional e cultural leva a uma variedade muito maior de comportamentos. Existem muitas evidências para isso em comportamentos alimentares, de exploração de alimentos, caça e comportamento social em diferentes populações de chimpanzés na África.

Existem muitas consequências para o reconhecimento da existência do que definimos como "pensamento" e "consciência" entre os antropoides e outros animais. O primeiro deles é ético, por natureza. Um grupo de defensores dos direitos animais da Nova Zelândia iniciou um projeto denominado "Grandes Antropoides", que tem por objetivo atribuir a esses animais o status de "conscientes, sentientes e pensantes", proibindo, dessa forma, o seu uso na experimentação animal, encarceramento compulsório (em zoológicos e circos) e assim por diante. Eles estão corretos, até certo ponto. Embora isso fosse causar uma grande redução na pesquisa sobre muitas doenças, como hepatite, Aids e outras, as quais aparecem de forma semelhante em primatas humanos e não humanos, fazer experimentos cruéis e matar animais sensíveis e inteligentes como os chimpanzés é problemático do ponto de vista ético, por sabermos cada vez mais sobre as nossas diversas similaridades.

Talvez, o futuro nos mostre novas maneiras de olhar os cérebros de animais usando técnicas avançadas, como o PET e MRI, que nos permitam decidir se eles estão usando circuitos cerebrais semelhantes aos nossos para desempenhar funções cerebrais superiores.

A capacidade intelectual humana não surgiu do nada. Nós herdamos, com certeza, uma parte considerável do processamento perceptual e cognitivo de nossos predecessores primatas, de forma que não é nem um pouco surpreendente que os nossos primos mais próximos, os antropoides, os tenham também. O que significa que nem por isso somos descendentes de macacos, já que eles continuam na mesma condição evolutiva.

Os macacos e nossa cultura

A evolução ou, melhor dizendo, a natureza, aperfeiçoa-se para fornecer os antepassados do homem, surgindo, assim, os primeiros antropoides, ascendentes dos símios que ainda existem na atualidade, com evolução em pontos convergentes. Daí o parentesco do homem com o chimpanzé, mas nunca ascendência espiritual.

Não houve uma descida das árvores, ou seja, o macaco não desceu das árvores e se ergueu, transformando-se no homem ou dando-lhe origem. Se assim pensássemos, teríamos a mais perfeita bagunça na natureza, em que, de uma hora para outra, as espécies se modificariam a seu bel prazer - impossível! Basta observar que a Via Láctea, com bilhões de astros, segue sua órbita há bilhões de anos, na mais perfeita disciplina. O mesmo acontece em todos os reinos da natureza e o homem não seria exceção dessa regra, o que jogaria por terra todo processo evolutivo e colocaria em dúvida a própria existência de Deus.

Já ficou dito, no presente livro, que tudo é perfeito na natureza e que ninguém descende de ninguém de uma hora para outra, e que a palavra acaso não existe neste dicionário. Cada ser, cada elemento, tem sua marcha evolutiva própria, sendo compromisso de cada um caminhar até o ponto máximo permitido por sua espécie, no campo da evolução em seu aspecto total e não somente biológico nos seres vivos. Assim, cada um tem a evolução determinada por leis rígidas e terminará sua jornada evolutiva até completar todo compromisso naquela espécie, para, via morte, voltar ao Fluido Cósmico Universal (Hálito Divino), onde opera a transição para outra jornada que se inicia em nova espécie, com cultura própria e jornada definida, guardando elos do aprendizado da espécie anterior e, assim, sucessivamente.

Quando, como e em que condições se opera a transição, ninguém sabe explicar. Livro algum, compêndio, estudo, seja lá o que for, aborda o assunto, porque ainda não nos é possível saber, em razão de nossa condição evolutiva, pois a verdade é liberada na proporção de nossa evolução. Nossa cultura é cumulativa. Um dia, quando nos aproximarmos da angelitude, com evolução angelical, aí sim, poderemos não só saber, mas até mesmo participar da operação.

SOLUÇÃO DA CRIAÇÃO DO HOMEM

Somente uma solução para o surgimento do homem na Terra. Ele já existia no Plano Espiritual, necessitava vir a um Plano Primitivo – no caso e época, a Terra. Vimos da impossibilidade pela geração espontânea, bem como pela descendência de outra espécie, até mesmo pelo cruzamento de outras espécies, vez que, de espécies iguais, nascem seres iguais. O homem não poderia aqui chegar num passe de mágica, não poderia de forma alguma alterar ou modificar a lei da natureza. Vimos anteriormente, em nosso estudo, que há moradas de todos os tipos e cada ser vive de acordo com sua evolução e recebe sua morada na proporção de seu mérito.

O homem, habitante de outras moradas, na época primitiva, por volta de 150.000 anos atrás, altamente endividado, sem condições de coabitar a morada onde se situava, vez que aquele plano ascendera na escala evolutiva e dele foi expulso, necessitava de uma morada de inferior evolução para o resgate de seus débitos, expiações e para passar por provas para adquirir mais cultura cumulativa, foi ganhando, como oportunidade de continuar sua marcha evolutiva, a própria Terra. Seres inferiores têm moradas inferiores. Vimos, também, que seres superiores em inteligência, porém sem evolução moral, são enviados a planos inferiores, degredados; tanto é verdade que demos exemplos da construção das pirâmides do Egito, do processo de mumificação dos faraós, das culturas como os maias, astecas etc... – povos cultos, mas dotados de belicosidade, a exemplo dos gregos. O imperfeito que vivia em mundos primitivos, melhora sua condição evolutiva, recebe nova morada, até alcançar o limite máximo de evolução para viver em mundos felizes. Ora, no começo, na chegada do homem na Terra, aqui era um plano primitivo, próprio para humanos primitivos, e havia a necessidade, para o seu crescimento, de habitar um plano na proporção de sua evolução. Pronto! Agora encontramos a chave do enigma.

No estudo da Gênese, Kardec ensina-nos que corpos de macacos puderam muito bem servir de vestimentas aos primeiros Espíritos humanos – necessariamente pouco avançados – que vieram a se encarnar sobre a Terra, sendo as referidas vestimentas os meios adequados às suas necessidades, mais próprios ao exercício de suas faculdades que o corpo de qualquer outro animal. Aqui, a natureza não dá nenhum salto, não há quebra alguma de lei genética e nem dos princípios da evolução das espécies, segundo Darwin. Ou seja, houve um empréstimo do corpo do chimpanzé para a chegada do homem a Terra, dadas as suas semelhanças físicas – ereto, já caminhava com duas pernas, usava as mãos, tinha adestramento necessário para buscar seu alimento, utilizava as mãos de maneira mais apropriada, quebrava gravetos para travessia das águas, buscava o alimento com as próprias mãos. Era, naquela época, o único animal que poderia aproximar-se das condições físicas dos humanos para o socorro da vestimenta emprestada. Nada mais do que isso. O que não significa que o gorila seja o último elo da cadeia evolutiva antes do homem, que tenha cumprido o seu compromisso na espécie a que pertence e, quando desencarnado, volta ao plano espiritual e, com a ajuda dos geneticistas do Plano Maior, equipes de cientistas conseguem a transformação sob ordens divinas. Não! Não sabemos dizer se o macaco é o último elo, mas é verdade que ele nos prestou um enorme favor, cedendo-nos a sua vestimenta.

Nada mais do que isso ocorreu.

Assim, em vez de se fazer um invólucro especial, teria se achado um já pronto; vestiu-se, então, da pele do macaco, sem deixar de ser espírito humano.

RESTRIÇÃO NO PLANO ESPIRITUAL

Por outro lado, no Plano Espiritual, inicia-se a restrição do corpo espiritual do futuro candidato a descer até o corpo físico, num processo duradouro, reduzindo o corpo espiritual até o tamanho de um mícron. Sabemos que antes da fecundação do óvulo pelo espermatozoide, aqui no Plano Físico, já ocorrera no Plano Espiritual uma preparação bem anterior à cópula, para o surgimento do novo ser a descer ao Plano Físico para mais uma jornada a caminho da perfeição. A restrição é necessária já que a célula-mãe, após a fecundação, é microscópica, razão da redução do perispírito até a condição de incorporar-se à mesma para o início da jornada da vida em outro corpo. A alma, ao habitar o novo corpo que se forma, tem que estar reduzida à sua condição microscópica, daí a necessidade de sua redução.

Daí, quando do relacionamento sexual dos chimpanzés, macho e fêmea, no momento da fecundação, via cópula, a Espiritualidade Maior, geneticistas, cientistas, esteticistas e outros cientistas com elevada evolução científica e moral, sob ordens Divinas, colocaram o corpo espiritual do homem, ou seja, espírito, perispírito, fluido vital, tudo pronto, pela boca da fêmea, até alcançar o útero da macaca, para a gestação do ser humano, que se inicia em corpo emprestado, o mesmo acontecendo com diversos casais (primatas) espalhados pela face da Terra. Estavam prontos os primeiros humanos. Daí para frente, a genética nos explica que casais humanos geraram humanos, casais de chimpanzés geraram chimpanzés, portanto não há milagre algum. E, durante os referidos milhares de anos, tanto uma espécie quanto a outra tem gerado animais de sua própria espécie, considerando aqui o homem como animal, para facilidade de explicação didática. Portanto os macacos, no processo acima, não fizeram mais que emprestar ou, melhor dizendo, fornecer a primeira vestimenta do homem, mas não foram eles que criaram o homem, que estava pronto no Plano Espiritual e necessitava de sua vinda à penitenciária do próprio corpo físico, bem como da própria Terra, em razão da necessidade de crescimento para mundos felizes.

Não se pode falar que o homem é descendente do macaco. Segundo nosso estudo e aqui demonstrado, a Natureza não dá saltos e nem muda seu comportamento. A Terra foi criada há 4,5 bilhões de anos, o homem, no estágio moral em que se encontra, não tem mais que 150.000 anos. Quem empresta o corpo físico deixa vestígios desse empréstimo corporal, dessa vestimenta. Por que o macaco não conseguiu a beleza do humano? Continuam feios, desengonçados e o homem cada vez mais belo. O homem primitivo, ainda portador de vestígios da vestimenta do macaco, não é o mesmo até hoje. Evoluiu e continua evoluindo. Os vestígios do macaco desapareceram.

O HOMEM UTILIZA-SE DO INVÓLUCRO DO MACACO

Assim, em vez de se fazer um invólucro especial, conforme ficou dito, ele teria achado um já pronto. Vestiu-se, então, da pele do macaco, sem deixar de ser espírito humano. Seria impossível a geração espontânea do humano, principalmente em se tratando do mais evoluído animal criado por Deus, já que somente os animais primitivos podem ser gerados nessa condição.

Portanto, aqui está todo o mistério, que para Deus foi apenas um ato normal, necessário, diante da conjuntura da Terra, na condição de receber o homem. Por mais que a ciência e seus devotados estudiosos queimem noites e noites, projetos e projetos, buscas e buscas, pesquisas e pesquisas – até mesmo no campo do DNA –, nunca conseguirão outra explicação da presença do homem na Terra, pois não existe, já que o homem se encontrava pronto no Plano Espiritual. Utilizou-se dos recursos aqui mencionados para a sua descida inicial, mas somente para as primeiras reencarnações. Dotado de inteligência, do livre-arbítrio, da consciência, simples e ignorante, inicia sua marcha a caminho de sua própria evolução até alcançar a perfeição máxima permitida pelo Pai. E, de reencarnação em reencarnação, de aprendizado em aprendizado, de débitos e de expiações, no uso constante tanto do livre-arbítrio quanto da inteligência, o homem segue sua jornada em busca da felicidade, da sua perfeição. Isso significa que somente alcançará a perfeição quando estiver livre de todos os seus débitos e dotado de todas as virtudes, já que ninguém conseguirá felicidade com dor na consciência, por ser da Lei Divina que ninguém conseguirá o Reino dos Céus sem o pagamento total de seus débitos.

Complementando nossa explicação, podemos afirmar que uma única lágrima de nossos semelhantes derramada por nossa causa deve ser enxugada por nós, nem que para isso tenhamos que voltar para trás, por ser da Lei Divina – a chamada Lei Cármica de Causa e Efeito –, que nenhuma dívida ficará sem a devida quitação. Portanto, céu e inferno são estados conscienciais e nem há algozes e vítimas totais, cada um de nós tem sua parcela de dívida pelo pretérito, ou seja, pelo seu próprio passado.

Naquela época, o homem já existia, tinha atravessado todos os reinos e encontrava-se numa condição bem mais evoluída do que a própria Terra. Por outro lado, sabemos da impossibilidade de ser aqui paliçada a lei de evolução genética, orgânica e fisiológica de Darwin. Ou o cientista alia-se à ciência espiritual, buscando a filosofia Divina da criação, ou ele nunca conseguirá explicar a presença do ser humano na Terra. É chegado o momento de se jogar fora o orgulho, o ceticismo científico e de buscar, num somatório de valores, aproximar-se da verdade, que diz: "Conheça a verdade e ela o libertará".

Por que tanto orgulho? Por que não encarar a realidade? Por que não aceitar a verdade, única, de que o homem não descende do macaco? Milhares de anos são mais que suficientes para comprovar esta única e certa afirmativa: o homem não é descendente do macaco.

A GRANDE PREPARAÇÃO DO MACACO

Tudo isso significa que as pesquisas recentes da ciência quanto ao homem fóssil, no campo da paleontologia, são um atestado dos experimentos biológicos a que procederam os prepostos do Senhor, até fixarem no primata as características do homem futuro. Assim, para concretização do ocorrido com a chegada do homem, utilizando-se do corpo do referido primata, foi necessário que esse evoluísse para tal mister, levando milhões de anos para apenas emprestar sua roupagem física.

Vejamos como tudo aconteceu:

ANCESTRAL COMUM DESCONHECIDO

gorila – 7.000.000 de anos.

chimpanzé – 6.000.000 de anos.

Australopithecus

Afarensis – 4.000.000 de anos.

Africanus – 2.000.000 de anos.

Homo erectus – 2.000.000 de anos.

Homo sapiens – 150.000 anos.

O que equivale a dizer que o homem está na Terra há aproximadamente 150.000 anos. Os macacos, gorilas e chimpanzés continuam reproduzindo macacos, gorilas, chimpanzés. Por sua vez, do cruzamento humano dá-se a reprodução humana.

Com a palavra a ciência, para dizer que nosso DNA é o mesmo – ou quase o mesmo – dos macacos e que não perdemos nossa diversidade ao não encontrarmos o elo com nossos ancestrais, mas como apresentamos na presente obra, os macacos não são nossos ancestrais na linhagem humana, são apenas estágio de outras encarnações nossas em passado longínquo. Nada mais do que isso.

O estudo humano mostra-nos a sua evolução no modelo atômico na física, na lei periódica na química, na teoria do big bang na geologia e na teoria da evolução na biologia, com seus expoentes máximos em cada assunto. O que não acontece com os macacos nem com os outros animais mamíferos mais evoluídos, pois a natureza tem a sua própria lei, a lei natural. Basta observar o comportamento de cada espécie – sempre o mesmo durante milênios –, o que ocorre em virtude da cultura de cada espécie.

A revista *Galileu* (junho/2005, pág. 24), traz a notícia: "Desde que o *Sahelantropus tchadensis* foi descoberto em 2002, os paleoantropólogos discutem se seria o fóssil de um antepassado dos atuais gorilas ou o mais antigo ancestral humano. A reconstituição da face, junto com novas análises de sua mandíbula, sugere que ele é, sim, um hominídeo que viveu pouco depois da separação evolutiva que resultou, de um lado, no *Homo sapiens*, e de outro, nos chimpanzés". Aqui temos o atestado da ciência em sempre procurar ou preocupar-se com a evolução orgânica, fisiológica, o atestado do orgulho e do ceticismo científico em não querer buscar os recursos Divinos, aqui referido, pois uma teoria tende a substituir a outra.

Os cientistas, nem os de agora nem os que os sucederem, nunca conseguirão chegar a uma conclusão definitiva, fruto da verdade imutável, única.

A título de esclarecimento, busquemos em *Antologia dos imortais* (F. C. Xavier, ed. fevereiro, pág. 33), o ensinamento de Adelino da Fontoura Chaves, em a "Jornada", que assim se expressa: "Fui átomo, vibrando entre as forças do Espaço, devorando amplidões, em longa e ansiosa espera... Partícula, pousei... Encarcerado, eu era infusório do mar em montões de sargaço... Por séculos fui planta em movimento escasso... Sofri no inverno rude e amei na primavera... Depois, fui animal e no instinto de fera achei a inteligência e avancei passo a passo... Guardei por muito tempo a expressão dos gorilas, pondo mais fé nas mãos e mais luz nas pupilas, a lutar e chorar para, então, compreendê-las!... Agora, homem que sou, pelo Foro Divino, vivo de corpo em corpo a forjar o destino que me leve a transpor o clarão das estrelas!...".

E do poeta Antero de Quental (1842/1891), em *Livro de ouro da poesia universal*, Mesquita Ary (Ediouro, pág. 490), que se intitula "Evolução": "Fui rocha, em tempo, e fui no mundo antigo... Tronco ou ramo na incógnita floresta... Onda, espumei, quebrando-me na aresta... Do granito, antiqüíssimo inimigo... Rugi, fera talvez, buscando abrigo... Na caverna que ensombra, urze e giesta... Ou, monstro primitivo, ergui a testa... No limoso paul, glanco pascigo... Hoje sou homem – e na sombra enorme... Vejo, a meus pés, a escada multiforme que desce, em espirais, na imensidade... Interrogo o infinito e às vezes choro... Mas, estendendo as mãos no vácuo, adoro... E aspiro unicamente à liberdade...".

Mas é imperioso que se diga e que se registre que somente na prática do bem, no exercício constante do amor, na prática da santa e salutar caridade, no compromisso das leis morais, na reforma íntima do ser humano, conseguirá ele a libertação de suas mazelas morais, de seu passado escabroso, e o levará a moradas celestiais. Somente o bem é alavanca não só contra o mal, mas também alicerce de nossa libertação e pressuposto básico de nossa evolução.

Ainda aqui vale acrescentar a lição de Rubens C. Romanelli, "Evolução", em *Primado do espírito* (F. C. Xavier, 1960): "De muito longe venho, em surtos milenários; vivi na luz dos sóis, vaguei por mil esferas... E, preso ao turbilhão dos motos planetários... Fui lodo e fui cristal, no alvor de priscas eras... Mil formas animei, nos reinos multifários... Fui planta no verdor de frescas primaveras.. E, após, sombrio estágio entre os protozoários... Galguei novos degraus: fui fera dentre as feras... Depois que em mim brilhou o facho da razão... Fui o íncola feroz das tribos primitivas... E como tal vivi, por vidas sucessivas... E sempre na espiral da eterna evolução... Um dia eu transporei os círculos do mal... E brilharei na Luz da Essência Universal!...".

Um dia, quem sabe quando, entenderemos o nosso caminho, a nossa trajetória, quando se inicia uma fase evolutiva, quando termina a evolução de fase a fase, os passos dados nas noites frias e tristes, o motivo das dores, dos sofrimentos, das despedidas, pelo cadáver frio de nossos entes queridos e do nosso. Tudo nos será dito, para que a ignorância não mais nos perturbe à luz dos ensinamentos maiores. Descobriremos nosso começo e entenderemos que somos imortais, nascidos e criados ignorantes, para alcançarmos a angelitude. Tudo isso para quem já foi fera!

A ciência tenta provar a nossa descendência direta dos primatas, inclusive pelo gigantesco trabalho pela BBC de Londres, com montagem via computação, trançando o perfil humano desde os primórdios, como se fosse uma aparição da própria natureza, em que o símio desce das árvores, de quadrúmano evolui a bímano e num passe de mágica se transforma em ser humano. Perguntamos nós, no decorrer dos milhões de anos de evolução símia, se os macacos têm os seguintes sentimentos: admiração, estima, desprezo, veneração, desdém, amor, ódio, desejo, esperança, temor, ciúme, segurança, desespero, indecisão, coragem, ousadia, emulação, covardia, pavor, remorso, alegria, tristeza, zombaria, inveja, piedade, satisfação, arrependimento, favor, reconhecimento, indignação, cólera, glória, vergonha, fastio, pesar, alegria, como parte sensitiva da razão, da alma, dos sentimentos que distinguem os humanos dos símios?

Um novo membro acaba de ser admitido a mais rica fauna de primatas do mundo – a brasileira. Trata-se do macaquinho de pelagem preta *Cacajao ayresi* ou uacari-do-aracá, que vive perto da fronteira do estado do Amazonas com a Venezuela. O símio foi descoberto por uma equipe de pesquisadores brasileiros e sua existência sugere que a biodiversidade amazônica ainda tem muitas surpresas na manga.

A descrição oficial da nova espécie, que deve apresentar o *uacari* à comunidade científica internacional, sairá na edição de julho da revista especializada *International Journal of Primatology*. O coordenador da pesquisa, Jean Boubli, conta que a descoberta aconteceu quase por acaso, durante uma expedição à área habitada pelo primata: "Os índios e os caboclos da região comentaram com a gente que havia esse *uacari* (nome popular dado aos macacos do gênero Cacajao) de rabo preto. Numa das expedições, nós subimos e descemos a serra do Aracá, que tem mais de 1.000 metros de altitude. E, na descida da serra, vimos o grupo de *uacaris*", conta Boubli, que, apesar do nome francês, é carioca e hoje trabalha na Universidade de Auckland, na Nova Zelândia. "Conseguimos uma autorização do Ibama e recolhemos alguns exemplares. Mas na hora não me pareceu que o bicho fosse tão diferente assim dos *uacaris* já conhecidos", confessa o pesquisador.

A impressão inicial, no entanto, acabou se desfazendo. Ao comparar cuidadosamente a pelagem dos novos exemplares com a de espécimes de *uacari* armazenados em museus, uma das colegas de Boubli, Maria Nazareth da Silva, do Instituto Nacional de Pesquisas da Amazônia, logo confirmou suas características únicas. A suspeita só foi confirmada pelas conversas com outros primatologistas e por análises de DNA: tratava-se, de fato, de uma nova espécie, provavelmente separada de seus parentes *uacaris* há cerca de 500 mil anos.

Álbum de família

No trabalho que será publicado no *International Journal of Primatology*, os pesquisadores aproveitam para revisar todo o álbum de família dos *uacaris*. Com isso, macacos que eram considerados uma subespécie passam a contar como uma espécie única, batizada de *Cacajao hosomi* e "desmembrada" da espécie conhecida até então, a *C. melanocephalus*. Já o *uacari-do-aracá* ganhou seu nome, *C. ayresi*, em homenagem ao conservacionista José Márcio Ayres, já falecido, que foi um dos pioneiros no estudo e na preservação dos *uacaris*.

A nova espécie é, tal como seus primos, um "predador de sementes", define Boubli. Além da pelagem predominantemente preta, o bicho apresenta costas avermelhadas. De dimensões modestas, ele mede menos de 40 cm (sem contar a cauda, que não chega a 20 cm) e pesa pouco mais de 2 kg.

A situação da espécie, por enquanto, inspira cuidados, de acordo com Boubli. Ela ocupa uma área pequena para um macaco amazônico, além de ter densidade populacional baixa. Os ianômamis e os caboclos da região também costumam caçá-lo. "Se acontecer alguma perturbação ambiental mais grave ou se a caça aumentar muito, ele pode correr perigo", alerta o pesquisador.

Pródiga em polêmicas e disputas, a Amazônia brasileira produziu mais uma surpresa em junho. Foram descobertas duas novas espécies de macacos *sauá*, o que eleva para 95 o número de primatas nativos do Brasil, o país com maior diversidade em macacos. Pesando apenas 700 gramas, com 80 centímetros do focinho à cauda, eles receberam os nomes científicos de *Callicebus bernhardi* e *Callicebus stephennashi*. O primeiro vive entre a margem leste do rio Madeira e as partes mais baixas do rio Aripuanã, ao sul do rio Amazonas. O segundo, não se sabe ao certo qual o local em que vive porque foi levado aos pesquisadores por pescadores.

As espécies foram descritas por Marc van Roosmalen, primatologista do Instituto Nacional de Pesquisas da Amazônia (Inpa), seu filho Tomas van Roosmalen e Russel Mittermeier, presidente da organização não governamental Conservation International (CI). O *Callicebus bernhardi*, cujo nome popular é *sauá Príncipe Bernhard*, é uma homenagem ao príncipe Bernhard dos Países Baixos, naturalista de 91 anos que criou a Ordem da Arca Dourada para reconhecer o trabalho de conservacionistas em todo o mundo. O *Callicebus stephennashi* homenageia, por sua vez, Stephen Nash, ilustrador técnico que contribuiu para a conservação de primatas por meio de seus desenhos em material educativo.

Nash trabalha hoje para a CI e na Universidade do Estado de Nova York. Van Roosmalen e Mittermeier já haviam descrito outras quatro espécies de macacos (disponível em: pesquisa Fapes, na Internet).

Assim, a recente descoberta de novas espécies é um atestado de que a espécie continua em evolução, o que comprova nossa teoria, conforme discorrido na presente obra. Não há milagres na natureza. Enquanto cada ser, seja mineral, vegetal, animal ou o próprio homem, não completar sua evolução, continuará como estão, crescendo degrau a degrau na escada da evolução.

QUIMIOSSÍNTESE E A VIDA

Ontem, na condição mineral, na oxidação de corpos minerais, fornecemos energia para a realização da quimiossíntese para suprimento alimentar das bactérias, o que importa dizer que para tudo há uma solução. Por mais simples ou rudimentar que seja o animal, há o seu alimento disponível na natureza. Daí a lei de conservação das espécies, que se traduz na lei de conservação e de evolução de todos os reinos da natureza. Aproveita-se tudo e há resposta para todas as indagações.

Tanto é verdade que, no reino vegetal, absorvemos energia luminosa para elaboração das matérias orgânicas, sob a denominação de fotossíntese. Eis aqui a natureza fornecendo solução para a vida do vegetal: ele mesmo sintetiza os hidratos de carbono em seu laboratório, via luz solar. Portanto, o fotoperiodismo, ou seja, a quantidade de luz solar é de fundamental importância na distribuição das espécies nas regiões da Terra. A perfeição é tamanha, que a natureza fornece para cada povo seu próprio remédio, daí a incidência de doenças em algumas regiões e não em outras, vindo a acontecer o mesmo com as plantas medicinais, que se aproximam do homem de acordo com sua necessidade, na sua própria região.

Buscar e estudar a natureza é algo tão profundo e belo que o dicionário humano é muito pobre para conceituar os fenômenos, os acontecimentos e a profundidade do recado da natureza em benefício do próprio homem, cego porque não quer ver, que é a pior cegueira. O homem, na evolução natural, mais destrói que edifica.

A SÍNTESE DA VIDA NOS ANIMAIS

A biossíntese, nos seres superiores, garante-lhes a existência física, sob o ponto de vista material e energético, na preservação da máquina fisiológica. E cada espécie tem aqui seu comportamento próprio, imutável, o que equivale a dizer que uns são predadores, outros coletores, mas cada um é dotado de seu próprio recurso na busca da perpetuação de sua própria espécie. Trata-se de uma verdadeira batalha para a sobrevivência, daí Darwin ter completa razão ao afirmar que os fortes vencem com maior facilidade, surgindo a lei de seleção natural.

Pergunta-se: por que uns são mais fracos? A resposta está na Lei Divina, ou seja, na Lei de Evolução. Nascer, crescer, trabalhar, mesmo na conquista do próprio alimento, morrer nas garras de outro animal mais forte, tudo faz parte dessa Lei.

Causa-nos pavor a ferocidade de um animal carnívoro que se nutre das vísceras de outro. Por outro lado, faz com que a vítima cresça diante da Lei, tornando-se mais mansa, desenvolvendo seus instintos de preservação da própria existência. Assim, de reencarnação em reencarnação, ontem fraco, hoje mais forte. Basta observar a verdade de tais fatos na espécie canina. O leão faminto corre e em golpe certeiro elimina sua vítima, para sua sobrevivência, mas se alimenta do necessário e não é capaz de esconder o resto do animal abatido, preocupando-se com o dia de amanhã, em atitude egoísta. Sua cultura não permite isso.

Existem cães dóceis, amorosos, altamente fiéis aos seus donos, que sofrem juntamente com o amigo humano e, no entanto, existem cães de alta violência, capazes de exterminar vidas humanas, fatos sempre noticiados pela mídia. Os violentos e os dóceis não pertencem à mesma espécie? Somente a evolução total, conforme visto no presente estudo, pode esclarecer um pouco esse difícil assunto.

USO DA RAZÃO NA MENTOSSÍNTESE

Na mentossíntese, no uso da razão, direcionamos o pensamento ininterrupto, em que o princípio inteligente, baseado na troca de fluidos mentais multiformes, próprios de nossa cultura cumulativa, faz-nos emitir ideias e radiações próprias. Aqui, o animal passou por todas as experiências, desde a energia primitiva, no campo mineral (no mais simples grão de areia), passou pelo reino vegetal (aperfeiçoando-se um pouco mais e seguindo sua rota a caminho da luz), surgindo no microscópico protozoário unicelular e reiniciando a marcha no reino animal, onde, durante um bilhão e meio de anos, de experiência em experiência, de lutas, sofrimentos, frio, fome e doenças, nasce, cresce, evolui e morre, para nascer de novo e seguir sua marcha, até atingir a evolução máxima no reino animal, com compromisso em forma de cultura em cada espécie, até concluir referido estágio, terminando todos os seus compromissos com todas as espécies.

E, sempre seguindo, como tudo se verticaliza para a perfeição, o animal recebe o uso da razão. Agora dotado de inteligência primitiva, simples e ignorante, entra no reino da hominalidade, o que equivale a dizer que ontem, na animalidade, havia o acidente de posse ante à necessidade de alimentos, via intestinos. Hoje, o desejo consciente, bem como o anseio genético instintivo de ontem, converte-se, agora, em atração afetiva.

Coloquemos os sentimentos e energias, bem como informações contidas, nestas palavras: generosidade, perdão, paciência, cooperação, trabalho, imaginação, gratidão, bondade, misericórdia, entendimento, inteligência, prece, lealdade, alegria, coragem, organização, concentração, curiosidade, defesa, verdade, silêncio, emoção, desapego, inspiração, paz, compaixão, doçura, criatividade e tantas outras no campo das virtudes e, aí, encontraremos a condição evolutiva de cada ser humano, a experiência de cada um diante desses sentimentos. Como se comportariam os macacos e os animais mais evoluídos diante de tais sentimentos?

Chegaremos, com facilidade, ao comportamento de cada um, perante as informações exemplificadas, para dizer que cada ser está numa faixa de evolução. No exemplo humano, cada um está numa fase evolutiva correspondente à faixa de seu próprio crescimento moral, o que tanto o criacionismo quanto o evolucionismo não podem ou não têm elementos contundentes para explicar. São meias teorias...

Assim, a verdade de cada pessoa, sua filosofia, sua religião, o alcance de sua mente, sua capacidade de trabalho, valores que esbarram na sua evolução, estão de acordo com a cultura evolutiva que lhe é própria. Encontraremos uma gama evolutiva diante do comportamento de cada um, portanto temos exemplos de todas as virtudes em Nosso Senhor Jesus Cristo. Em escala inferior, vamos encontrá-las em Gandhi, Madre Tereza de Calcutá, Chico Xavier e tantos outros. E, pela mesma razão de falta de evolução, encontraremos criminosos, assassinos cruéis, traficantes, assaltantes. Fazemos a mesma pergunta: não são humanos? A resposta é positiva, mas a diferença se encontra na evolução de cada um, em suas etapas encarnatórias.

Não concebemos Einstein, Beethoven, Alva Edison, Leonardo da Vinci, Newton, Pasteur, Picasso, Pavarotti, Cervantes e tantos outros gênios da humanidade, prontos em sua genialidade, mas frutos de muitas etapas encarnatórias, na cultura cumulativa de milênios, no esforço, na renúncia, na motivação constante. Como o próprio Alva Edison dizia: 99% de esforço e 1% de inteligência, aí está sua grandiosidade, pois muitos de nós – ou nossa grande maioria –, desiste no primeiro fracasso, e ele repetia a mesma experiência centenas de vezes até acertá-la.

Busquemos aqui um pouco de recurso com Leon Denis, quando afirma: "A ação de Deus se desvela no Universo, tanto no mundo físico quanto no mundo moral; não há um único ser que não seja objeto de sua solicitude. Nós a vimos manifestar-se nessa majestosa Lei do Progresso que preside à evolução dos seres e das coisas, levando-os a um estado sempre mais perfeito. Sem dúvida, há nesta marcha secular muitos desfalecimentos e recuos, muitas horas tristes e sombrias. Não se deve, porém, esquecer de que o homem é livre em suas ações. Seus males são quase sempre a consequência de erros, de seus estados de inferioridade".

Quem é capaz de criar os astros, as estrelas, as galáxias, a natureza, os animais, os minerais, as plantas e levar-nos à ideia de infinito, com facilidade teria criado o homem perfeito. Se o não fez é porque o quer evoluído e que ele mesmo consiga a autoevolução, fruto da vontade e de seu livre-arbítrio, dirigidos a caminho da luz, da sua reforma íntima e da sua vontade dirigida ao alvo da perfeição. O homem terá que clarear as suas trevas do passado, gerando a própria luz.

O CAMINHO DA ANGELITUDE

Chega-se à angelitude ou angiossíntese – na força do trabalho, no estudo edificante, no resgate dos débitos, nas provas superadas, nas virtudes acrisoladas, e habilita-se à necessária transformação com que se adapte ao caminho angélico no rumo das esferas mais elevadas, da energia simples inicial, que atravessou todos os reinos da natureza, que dormiu no mineral, acordou no vegetal, sensibilizou-se nesse, sonhou no animal, sofreu na hominalidade, nas provas e expiações, durante bilhões de anos em cada fase; termina sua penitenciária terrestre, quita seus débitos, ilumina sua inteligência com as luzes do amor e da caridade, habilita-se a mundos superiores, por mérito, na angelitude por ele conquistada, fruto de sua vontade, da renúncia, do amor ao próximo. Agora, sim, o ser está pronto para o Reino da Felicidade.

Ele se preparou não só moral como intelectualmente, lutou contra suas imperfeições, sofreu diante das asperezas da natureza, mas venceu. O que é melhor para si mesmo – essa sensação do vencedor que venceu a si mesmo.

Conforme vimos no presente estudo da energia primitiva, atravessando todos os reinos, iniciando no mineral, até o animal mais evoluído, provavelmente são necessários 4,5 bilhões de anos. Agora se inicia o período de humanização, candidatando-se à angelitude. Em apenas 150 mil anos desenvolvemos pouco mais de 10% de nossa inteligência e, portanto, de nossa verdade, de nossa cultura cumulativa. Agora, depende de cada um a luta para alcançar a angelitude. A obra do Pai está pronta há milênios, a nossa, em nossa grande maioria, provavelmente ainda não começou, pois depende de cada um iniciar, dar continuidade, projetar sua reforma íntima para diminuir o espaço entre a fase humana e a angelical.

DA MATÉRIA

Diante das informações aqui aduzidas, sem qualquer pretensão maior de nossa parte, concluímos, com respeito a quem possa discordar, que a matéria é formada de apenas um elemento, diante da grandiosidade da perfeição de Deus. Não concebemos dois ou mais elementos diferenciados um do outro, o que geraria injustiça, e, aqui, estamos abordando a Justiça Divina, perfeita, infinitamente perfeita! Não concebemos o grão de areia namorando o diamante, a cobra mansa diante da feroz cascavel, um coelho diante do leão. Mas, diante de Sua eterna Justiça, podemos afirmar que a matéria possui uma só energia. Essa energia primitiva, partindo do Hálito Divino, evolui pelos milênios e de estágio em estágio. No exemplo do diamante, ela se agrega em quatro energias afins (carbonos) que, unidas, sobre pressão dos milênios, adquire o estágio do diamante.

A referida energia não estaciona e nem descansa, busca sua evolução (energização), por ser da Lei Divina, e caminha sempre até conquistar todos os estágios na natureza do reino mineral; cumpre seu compromisso em cada estágio, recebendo, por parte nossa, a denominação daquele estágio e, de estágio em estágio, atravessa o reino mineral, cumprindo todas as etapas completamente.

Pronto, a energia atravessou o reino mineral, agora recebe (somente os cientistas de Deus sabem explicar como, quando e em que condições), do Fluido Cósmico Universal (também chamado Hálito Divino), o fluido vital. Assim, o mineral de ontem, hoje já evoluído, recebe o dom da vida no mais simples vegetal da cadeia, e de espécie em espécie dá seu recado evolutivo, com a cultura própria caracterizando cada espécie. Vejamos o seguinte exemplo: por que a diversidade de verduras (folhas) em nossa alimentação é uma prova da evolução de cada espécie? Se fosse o contrário, encontraríamos todas as propriedades em um só vegetal (uma só folha), o que, no caso, não acontece. Cada verdura tem sua característica própria, seu sabor, seus valores nutritivos, portanto estágio evolutivo de cada espécie, com denominações próprias. E assim, sucessivamente, de espécie em espécie, atravessa-se o reino vegetal.

Concluídas as etapas evolutivas do reino vegetal, inicia sua jornada no reino animal. Aqui, além do fluido vital, o ser adquire movimento e sua evolução e cultura permitem-lhe buscar, colher e plantar o seu próprio alimento, e cada espécie com sua cultura própria. Passe algumas horas numa floresta e entenderá o recado de cultura de cada espécie, tanto vegetal quanto animal, pelo comportamento de cada um. Nenhuma ave se comporta igual à outra de outra espécie, em suas plumagens, em seu canto, em sua cultura que a identifica.

Atravessando o reino animal, o ser se capacita para receber o uso da razão, o reino da inteligência, a consciência, o livre-arbítrio e infindável cultura – pois agora é cumulativa, por meio da inteligência, porão da memória, inesgotável e infinita –, o que o conduz a caminho da angelitude. Sendo a cultura cumulativa, o pensamento ininterrupto continua até mesmo em seu funeral, pois que a inteligência, o amor e a caridade são infinitos. Belo! Profundamente belo! Daí porque Jesus disse: "Sois 'deuses'. O que posso fazer, vocês podem muito mais".

Não há evolução sem o roteiro salutar da religião, portanto aqui está o ponto mais importante deste livro, associando evolução com o Criador, em busca da criatura, para libertá-la de si mesma.

MOLÉCULA POR ENERGIA

A energia primitiva surgida do Fluido Cósmico Universal ou Hálito Divino inicia sua jornada a caminho da perfeição, de estágio em estágio. No reino mineral, inicia sua jornada na condição mais simples possível, segue em vibração ou energização seu processo evolutivo. Assim, melhorando sua condição vibratória, muda de estágio energético, razão da existência de mais de uma centena de elementos químicos, estudada pelos cientistas com seus diversos nomes, querendo, com isso, dizer que cada elemento seja diferente do outro quando, na verdade, um elemento é apenas mais energizado que o outro; nada mais que isso.

Os corpos que consideramos simples não são elementos, mas apenas, conforme foi dito, transformação da energia primitiva, que apenas mudou de estágio vibratório. Ocorrem modificações em função do acúmulo da energia, em circunstâncias especiais, também criadas pela própria energia. Assim, ferro, alumínio, cobre, cálcio, prata, ouro, oxigênio, hidrogênio etc., são apenas modificações da energia primitiva. E, por falta de conhecimento e domínio completo dessa energia primitiva, damos o nome de molécula, fracionada em átomos, pois tudo isso é apenas fruto de nosso pensamento e, assim, consideramos os referidos corpos como elementos especiais próprios e continuamos a considerá-los como tais até uma nova ordem científica. Trata-se apenas de estudo didático.

Mas o que tentamos abordar aqui, como parte de nosso estudo, é a Justiça Divina diante de tudo, mesmo da matéria. Em razão de sabermos que ela é infalível, infatigável, que não há privilégios nenhum, seja em que reino ou morada for, o nosso estudo segue a ordem de que a Justiça Divina não comete erros, não se equivoca, não privilegia a quem quer que seja, por ser de sua essência a justiça!

FEIXES DE ENERGIA

Não importa que uma aglomeração dessa energia receba o nome de molécula. Para nós, é apenas um feixe da energia acumulada. Nem mesmo importa que cada elemento possa ter características diferentes, como cor, sabor, densidade, condutibilidade, magnetismo e outros valores, visto que não há senão um elemento primitivo e que as propriedades dos diferentes corpos não são senão modificação desse elemento, resultando que a substância mais inofensiva tem o mesmo princípio que a mais letal.

Quanto ao comportamento das moléculas, sua forma, disposição, num corpo opaco ou transparente, tudo não passa de aglomeração da energia primitiva em seus estágios vibratórios.

Havendo apenas maior ou menor condensação de energia para distinguir um corpo ou elemento do outro e, assim, sucessivamente, em todos os estágios dessa mesma energia primitiva. Devemos sempre levar em conta que, além dos aspectos abordados, a Lei de Afinidade que aproxima os iguais e repele os diferentes, torna a uni-los quando a causa da separação já nada representa. A afinidade é o resultado da aproximação por outra fonte de energia, o magnetismo, que também faz parte do mesmo princípio das coisas e das causas. Se a energia hidrogênio se liga à energia oxigênio, há afinidade eletromagnética, em seu comportamento energético. Eis porque tudo e todos querem estabilidade, que se traduz em afinidade necessária ao seu equilíbrio. O que ocorre em todos os reinos da Natureza.

UMA SÓ JUSTIÇA

Assim pensando, chegamos à conclusão, não só lógica, de nosso pensamento, bem como da verdadeira Justiça de Deus diante de tudo e de todos. Aqui tudo se encaixa, não há preocupação de injustiça. Agora sabemos da existência do grão de areia e do diamante, do ouro, dos metais nobres, atômicos, diante do seixo que rola nas chuvas, do animal violento diante do manso, da planta venenosa perante a planta que cura, do missionário diante do assassino cruel. Para tudo Nosso Pai dá uma satisfação e nos responde com a Lei de Amor. Baseado nesse princípio, podemos entender e a razão nos diz, que o Universo não pode ter sido feito por si mesmo e que, não podendo ser obra do acaso, só pode ser obra de Deus.

A criação pertence a Deus, que em determinado momento dá o sinal de partida para o reinício de cada jornada de cada ser, desde que ele tenha mérito via esforço próprio, luta, sacrifício e o somatório de valores. Portanto nisso tem razão os criacionistas. Por outro lado, na luta constante de cada dia, o esforço para sobreviver capacita o ser a se tornar forte, que embora partindo de um ponto comum consiga sua própria evolução, fruto de seu direcionamento para tanto – nisso com razão os evolucionistas.

Mas nada é feito por acaso. Não é a Bíblia que dá o sinal verde, pois, como vimos, ali tudo é alegórico e depende de interpretações isentas de interesses, de religiosidade, eis que é plena de complicações, falhas e interpretações duvidosas. Ficamos com a participação integral de Deus fornecendo todas as condições para o surgimento do elemento primitivo, destacado do todo maior, tutelando-o com seus prepostos, ajudando-o em sua marcha a caminho da perfeição, como sendo fruto de sua vontade, de sua luta, vez que ele é visto nos dois reinos (vegetal e animal), por sofrer, lutar, adoecer, morrer e continuar lutando para se perpetuar. Basta analisar a situação de árvores em condições altamente adversas na natureza, com temperaturas às vezes de 30°C abaixo de zero, conseguem a sobrevivência e dão continuidade pela multiplicação de suas sementes, o mesmo acontecendo com os animais na proteção de sua prole.

Todo processo, seja criacionista ou evolutivo, como todas as coisas, vêm de Deus. Cada ser é um recado Divino, em forma de compromisso, não existe acaso, tudo se encaixa dentro do ordenamento maior. Deus não está só, seus emissários trabalham incansavelmente para a multiplicação do saber, da inteligência, dos dons do amor. Toda inteligência nobre, com elevados princípios morais, não necessita de tratamento no Plano extrafísico, pois para ele não há expiação e, sim, imenso trabalho a executar em benefício de nós outros. Assim, ninguém, até hoje, no plano físico, é autor da menor invenção, nem mesmo do simples palito, pois tudo nos chega pela inspiração, eis que de um lado e de outro temos seres com cultura cumulada. Tanto é verdade que aos poucos vamos recebendo novas informações, que possibilitam novos conhecimentos, novas tecnologias, fruto da maturação de nossa inteligência, até a aquisição da cultura que agora saboreamos, e nos preparamos, assim, para voos mais altos em todos os campos da ciência e da vivência humana.

COMO EXPLICAR A MICROVIDA

Bactérias combatem a obesidade. Ver revista *Science* – Queijo produzido a partir das bactérias dos pés, axilas (disponível em: <http://noticias.terra.com.br). As bactérias proliferam-se e protegem nossa vida, na produção de anticorpos e dos linfócitos T. Os microrganismos surgem com a nossa vida e nos acompanham até a nossa morte.

Tudo acontece após a saída do útero, já que ele é estéril. Esterilizando nosso organismo, com a destruição das bactérias não sobreviveremos. Temos floras boas e floras más. Somos responsáveis pela vitória das boas, ganhamos muito com isso. As bactérias realizam a fotossíntese tanto quanto os vegetais, proporcionando condições para a vida na Terra. Elas fazem a limpeza da Terra, elas vencem e vencerão lixo.

Antes dos vegetais e dos animais, a Terra era povoada pelas bactérias. Não temos dúvida de que todos somos portadores da *Helicobacter pylori*. Temos mais bactérias do que células. A solução para a evolução da microvida está em nosso estudo, pois o Universo todo é morada para todos nós.

SÍNTESE DA OBRA

Vimos os reinos mineral, vegetal e animal e conhecemos o nosso reino, o humano. Sabemos que já caminhamos muito. Do mineral, até recebermos o uso da razão, alguns bilhões de anos se passaram. Tudo na natureza se processa lentamente. Nosso Pai Celestial não tem pressa alguma, espera pacientemente pela nossa perfeição, fornecendo-nos tudo o que for necessário para o aprendizado, bem como modelos de perfeição.

Ele, mais do que ninguém, sabe que não amanheceremos puros ou santos. Assim, o que espera de nós? Sem dúvida alguma, o que conta para Nosso Pai é o esforço, a luta que cada um trava consigo mesmo em busca de melhorar a cada dia um pouco, a utilização e disciplina de seu livre-arbítrio. Vimos que o progresso, de tão lento que é, torna-se imperceptível e que falimos e erramos muito, falhamos sempre. O mal ainda predomina em nós, pois somos egoístas, orgulhosos, vaidosos, nervosos, ciumentos, possessivos, coléricos, violentos, explosivos, desonestos e mentirosos; não temos indulgência para com os pecados e as falhas alheias, não toleramos os defeitos alheios, embora sejamos imperfeitos. Com excelentes exceções de irmãos que já adquiriram evolução suficiente para entender que o maior investimento é o bem, o amor e, acima de tudo, a caridade.

O que conta, conforme foi dito, é a luta constante contra nossos defeitos, contra nossas imperfeições.

O diálogo de Nosso Senhor com Pilatos exemplifica bem nosso pensamento. Pilatos lhe diz: "Sois Rei?", e Ele responde: "Tu o dizes, mas meu Reino não é deste mundo".

Agora entendemos que o reinado de Pilatos tinha limite: a fronteira do Império Romano. Já o Reino de Jesus é o Universo todo, infinito. Agora, a nossa imperfeição coloca-nos limite e não podemos ultrapassá-lo sem que para tanto tenhamos evoluído.

Para quem alcançou a pureza total, a perfeição, não há limite.

Assim, útero e caixão são portas de oportunidades. Nem mesmo a reencarnação resolve nossa situação de imperfeição, pois já nascemos e morremos milhares de vezes. A solução se encontra em nosso livre-arbítrio, direcionado ao bem, fruto de nossa vontade, ou seja, quando falarmos, pensarmos, testemunharmos e fizermos o bem, aí alcançaremos a angelitude, deixaremos o reino dos humanos para trás e adentraremos o Reino de Luz.

Assim, quando erramos, manifesta-se a nossa parte animal, não só no erro, bem como em todas as imperfeições, invigilâncias. Quando fazemos o bem, manifesta-se a nossa evolução angélica. Mas, em razão de sermos ainda espíritos novos, muito próximos do ponto de partida, da animalidade, nossas reações se aproximam involuntariamente do animal e, como eles, assim reagimos, manifestando-se o nosso instinto de posse, de domínio, da materialização. Quando fazemos caridade, a nossa parte evoluída, angelical, manifesta-se. Razão porque nos diz o filósofo Huberto Rohden, em *De alma para alma* (ed. Alvorada, 13ª ed.), que somos ora semianimais, ora semianjos.

Constitui, realmente, preocupação nossa, saber o que realmente nos pertence, aquilo que podemos dizer que é nosso! Somente é nosso aquilo que temos para dar, já que nossos bens nos foram entregues para administração, em comodato. Onde estão os impérios das grandes fortunas familiares de séculos passados? Quantos nascem milionários para desencarnarem pobres? Somente é nosso aquilo que podemos transportar, ou seja, nossa evolução moral e intelectual. Portanto, como sempre, com toda razão Nosso Senhor em dizer-nos que a boca fala do que está cheio o coração.

"Teu tesouro, teu coração".

Sendo assim, poderíamos traduzir o lema maior "fora da caridade não há salvação", como sendo difícil ou até mesmo impossível de ser praticado pelos pobres. Mas dando o que é seu, estará praticando a lei de amor e, portanto, a caridade. Doe amor, doe exemplos, dê conselhos, orai por aqueles que o caluniam, visitai os doentes, os presos, seja sempre solução e nunca problema. Busque amar e serás amado, doe e receberás, perdoe e serás perdoado, proteja e serás protegido, seja indulgente e receberás indulgência, plante sempre amor, sorriso, bondade, calor humano, compreensão, e serás caridoso e salvo de suas inferioridades.

A síntese da evolução está na quantidade e na qualidade de amor que possa conduzir na sua caminhada até a perfeição. Mas lembre-se: a vitória em si corresponde ao amor na qualidade, ou seja, amar aos inimigos, orar pelos que nos perseguem e caluniam, oferecer a face do perdão, mesmo que a outra tenha sido esbofeteada. Amar aos outros como a si mesmo. Se você se julga perfeito, faça o seguinte teste: pergunte a si mesmo se é capaz de amar um ente querido tanto quanto um criminoso, um estuprador, um sequestrador, um latrocida, e você sentirá quanto tempo ainda tem para a caminhada em busca da perfeição. Pergunte se é capaz de realizar e dominar todos os inventos ocorridos na Terra? Se é capaz de entender toda a ciência em seus diversos campos? Se é capaz de construir um artefato atômico ou qualquer máquina, e mesmo lançar uma sonda espacial, dominar a ciência do espaço?

As artes em seu todo maior? O que nos falta conhecer, dominar, é milhares de vezes maior do que nossa insignificante cultura, daí a necessidade de nascer de novo, milhares de vezes, para assimilar toda cultura existente em nosso planeta! Morrer é o tempo que perdemos em nos afastarmos da evolução. E todos os que foram curados por Jesus continuam nascendo e morrendo. Onde há cura, vá e não peques mais.

QUESTIONAMENTOS SOBRE EVOLUÇÃO

1ª pergunta – Como explicar a evolução de Jesus, diante da reencarnação, sabendo-se que a reencarnação é necessária para quem tem débitos a pagar?

Respondemos, dentro da nossa insignificante evolução.

Nosso Senhor Jesus Cristo foi escolhido cocriador de nosso orbe, o que equivale a dizer que Nosso Mestre, quando da criação da Terra, fato ocorrido há mais de quatro bilhões e quinhentos milhões de anos, já tinha evolução compatível com a gigantesca missão. Ou seja, Jesus Cristo tem, provavelmente, alguns bilhões de anos a mais que a criação da Terra, vez que sem a evolução para tão importante missão, ela não seria entregue a Ele. Seria o mesmo que entregar o comando de um exército a um simples soldado.

Ora, se Nosso Cristo é mais velho do que a própria Terra, sabendo-se que não há injustiça por parte de Deus, muito menos privilégio, então Ele não seria diferente de nós, seus irmãos, pois Deus não criaria um Jesus especial. A lógica de raciocínio é fácil. Nosso Senhor originou-se de outra morada, quando foi criado simples e ignorante e teve a Sua evolução em outros orbes, até atingir a evolução máxima, quando recebeu a missão de cocriador da Terra.

Assim, se Ele veio trazer até nós a Lei de Amor, ou seja, um novo *modus vivendi*, a Sua Missão, sem dúvida alguma, é de nos mostrar como viver, como renunciar, como perdoar, como servir ao Pai, com toda fidelidade. Para não humilhar a pobreza surge numa manjedoura bucólica, tendo como testemunhas pastores simples e animais domésticos – muita, muita luz celestial!

Busca servir ao Pai, na mais simples profissão, a carpintaria.

Descalço, utiliza-se sempre de tudo emprestado: as sinagogas, as praças, os montes, um jumento para a fuga de Herodes e, para a entrada final em Jerusalém, uma cruz que não era d'Ele, mas nossa. Sua missão na Terra foi de luta, sacrifício, renúncia, amor ao próximo, servir ao pobre, ao necessitado, ao que chora, aos miseráveis, para servir ao Pai. Suas últimas palavras transferem a maternidade de sua Mãe para todos e a filiação do apóstolo amigo João para toda a família humana e sua despedida foi a do mais puro pedido de perdão aos ofensores: "Pai, perdoai-os porque não sabem o que fazem".

Sabemos que a reencarnação é princípio da Justiça Divina e por ela todos nós, os endividados, os falidos moralmente, somos obrigados a nascer de novo – como o próprio Mestre nos disse em seu diálogo com Nicodemos –, para o pagamento dos débitos, a expiação, a escolha das provas, ora riqueza, ora miséria, e, de viagem em viagem, no transcurso dos milênios, pagando nossas dívidas, evoluindo mental e moralmente, a caminho da luz, deixando para trás a hominalidade, até alcançar a angelitude; eis o caminho, a rota de cada um até encontrar a luz. Assim, utilizam-se da reencarnação espíritos endividados diante da Lei Divina. Os puros não necessitam pagar débitos e, portanto, não se sujeitam à reencarnação.

Sabedores de como funciona a Justiça Divina, bem como de que não há privilégios e nem exceções na Lei, segue-se que se Jesus não necessitava da reencarnação e tampouco passar pelo ventre materno, simplesmente Nosso Mestre materializou-se na gruta de Belém. Portador de todos os recursos mediúnicos e de evolução, a materialização, para Ele, era um fato simples e natural.

Por outro lado, se Miryam ou Maria, nossa Mãe Santíssima, na condição de Virgem de Sião, no Templo de Jerusalém, não tinha compromisso sexual, teria de continuar na condição de virgem, como terminou seus dias. Assim, sua gravidez, para não violentar a multidão daquele tempo, era simplesmente fluídica. E José, espírito evoluído, sabia daquela condição de virgem para sempre e não lhe tocou o Santo Corpo.

Aquela Luz, guiadora dos Magos, nada mais era do que a própria Luz do Mestre, que adentrava a atmosfera de nosso orbe.

Se, segundo a Nasa (que mediu e comprovou), a aura de Chico Xavier atingia muitos metros, basta imaginar a de Nosso Senhor Jesus Cristo, ou seja, seria uma estrela de elevado brilho.

Assim, Jesus não é uma criação especial de nosso Pai, mas produto de sua própria evolução durante milênios. Criado em outras moradas primitivas, passou por diversas moradas, sempre compatíveis com Sua evolução, até atingir a condição de Cristo, a quem foi entregue não só a criação da Terra, bem como a tutela de nossa evolução e todos os seres vinculados a ela, tanto orgânicos como inorgânicos. E mais, da manjedoura simples ao calvário, a rota de Jesus não sofre atalho, mas muito sofrimento.

2ª pergunta – Afirma esta obra a existência da geração espontânea. Mas a ciência tem como certa a teoria de Louis Pasteur (1822-1895), cientista francês, por ter derrubado a teoria da geração espontânea. Como explicar quem está certo?

Sabe-se que o mencionado cientista utilizou-se do seguinte experimento: um caldo, composto de fungos, água e açúcar, foi colocado em dois frascos com pescoços diferentes. Um dos frascos tinha um pescoço longo e reto, já o outro também era longo, porém recurvado.

Os frascos contendo os caldos foram fervidos para se tornarem estéreis, sem nenhuma forma de vida, e foram deixados com suas bocas abertas para permitir que o ar pudesse circular livremente pelos tubos.

Com o passar do tempo, os frascos com os pescoços retos apresentaram microrganismos no caldo. Por outro lado, os frascos com os pescoços retorcidos se mantiveram estéreis. Isso ocorreu porque, ao permitir a passagem do ar, a sujeira e os microrganismos ficavam depositados nas curvas do tubo, não atingindo o caldo, mantendo-o estéril.

Embora Louis Pasteur seja um dos maiores cientistas da Terra, ficamos com Aristóteles, filósofo grego e defensor primitivo da teoria da geração espontânea. O experimento do cientista francês prova exatamente o contrário. Ou seja, foi preciso que a Terra se preparasse durante um bilhão e quinhentos milhões de anos para receber a primeira, a mais rude expectativa de vida, mas houve uma preparação, intensa preparação, conforme descrito em nossa obra. A geração espontânea não ocorreu nos primeiros momentos da criação da Terra. Assim, é necessário criar-se um habitat próprio para a mais rude manifestação da vida, como para a mais adiantada evolução. Pasteur encontrou tudo pronto, pois esteve na Terra depois de mais de 4,5 bilhões de anos, esquecendo-se de que a primeira geração espontânea, surgida no primeiro momento, já esteja em Planos Superiores, segundo a nossa obra, pois a Natureza é perfeita.

Pasteur não explicou – e ninguém conseguirá explicar até a presente data ou momento (o que tentamos fazer nesta obra) – como surgiu a primeira vida na Terra. De onde surgiu o fluido vital? A primeira manifestação de vida? Já o respondemos na presente obra.

A Terra iniciou sua jornada numa temperatura de 2.500 graus centígrados e não numa fervura de apenas 100 graus, usada por Pasteur. Mesmo assim a vida surgiu. Ocorreu em razão da geração espontânea, conforme foi dito, fato ocorrido somente nos seres primitivos, aqueles que iniciaram sua jornada a caminho da Luz.

Assim, com quem ficamos? Com a teoria do resfriamento de 2.500°C ou 100°C?

Por outro lado, como explicar o surgimento da vida rudimentar após o resfriamento? Em nossa pesquisa, vimos que houve longo período de intensa preparação de Nossa Morada para receber a vida. Igualmente, a vida só é possível, mesmo primitiva, espontânea, em condições adequadas. Conforme foi dito, a natureza não realiza milagres. Esterilize-se qualquer ambiente e, possivelmente, não encontraremos vida, mas dando condição ao mesmo ambiente, a vida surgirá. O que há é a necessidade de uma preparação adequada, um habitat próprio, até mesmo para a geração espontânea, porque tudo na natureza é perfeito. Assim, somos forçados a repetir que Pasteur encontrou tudo pronto, não se atentou para o princípio da vida, como ela surgiu na Terra, de onde veio.

A não ser assim, como explicar o surgimento das bactérias que eliminam nosso cadáver, que se multiplicam no início de nossa decomposição? Até elas aguardam um momento propício para o seu aparecimento, mas nem por isso são espontâneas, aguardando um condicionamento próprio para sua intensa multiplicação.

Finalizando, foi preciso a criação do protoplasma, quando do resfriamento da Terra, elemento viscoso, com cultura própria e condições necessárias para o surgimento da vida, espontaneamente.

3ª pergunta – Como explicar a criação da Terra em seis dias, conforme consta na Bíblia?

Basta apenas substituir a palavra dia, que é medida de tempo, por outra, também no mesmo sentido, período. Assim, tivemos o primeiro período, chamado primitivo. O segundo, de transição. O terceiro, secundário. O quarto, terciário. O quinto, diluviano. O sexto, período pós-diluviano.

Tais períodos, estudados pelos cientistas, deixaram seus respectivos registros na Terra, ou seja, suas marcas. Tanto é verdade que se conhecem dois dilúvios distintos: o bíblico e o universal. Este, sim, o verdadeiro dilúvio, pois atingiu a Terra toda, tendo ocorrido um dos maiores cataclismos já vividos, levando a mais uma mudança na superfície, aniquilando uma quantidade enorme de seres vivos, cobrindo os polos de gelo, formando as imensas geleiras e montanhas, modificando a temperatura na Terra.

Tudo leva a crer na mudança brusca do eixo da Terra, derramando as águas sobre os continentes e mudando todo o relevo. O petróleo, no seio da Terra, comprova a imensa quantidade de seres vivos desaparecidos.

4ª pergunta – Como explicar a transição de uma espécie inferior para a imediatamente superior?

Vimos que cada espécie, gerada na sua árvore genealógica, parte do ponto em que se encontra sua evolução, que lhe é própria e segue seu caminho. Nascendo, trabalhando, lutando, crescendo, reproduzindo, morrendo e, assim, sucessivamente, até completar o compromisso de evolução pertinente à sua espécie.

Findo o referido compromisso evolutivo, volta ao fluido Cósmico Universal, preparado intensamente pelos cientistas, geneticistas do Plano Maior, e volta em outra espécie, guardando todos os elos com a espécie precedente, de forma que apenas continua sua luta, sempre evoluindo, porque é da Lei Divina a evolução constante; por isso tudo é movimento, tudo é vida. Quando ocorre a transição, cientista algum pode responder, pois a ninguém é dado o mistério da vida, em nova experiência, sem que se tenha evolução para tanto. Assim, os que compõem o trabalho Divino, a equipe dos Missionários do Amor Maior, está presente no ato de transição.

5ª pergunta – Como explicar a extinção de uma espécie?

Nosso Pai nada criou para ser extinto. Assim, quando uma espécie não encontra os elementos necessários para a sua permanência na Terra, quando já não tem habitat próprio para o seu desenvolvimento, morre para o plano físico. Volta ao Fluido Cósmico Universal e ali se aprimora para que, em outra morada, possa encontrar os elementos necessários ao seu completo bem-estar e ali continuar sua marcha. Mas a espécie não se extingue.

Assim, dentro dos princípios de evolução, de uma hora para outra encontraremos espécies ditas extintas de longa data, mas que se fazem presentes, e não são resultados da geração espontânea, pois esta ocorre somente nos seres primitivos. Explica-se, assim, como resultado da evolução que ocorreu e vem ocorrendo há bilhões de anos em nosso Planeta para benefício dos elos da cadeia evolutiva. De tal forma que o animal, para receber o uso da razão e ingressar na hominalidade, gasta o período de um bilhão e quinhentos milhões de anos. O progresso é muito lento e quase imperceptível na natureza. O mesmo acontece com nossa pessoa – eis que não sentimos nossa própria evolução, mas ela ocorre. Pode acreditar que somos bem melhores que nós mesmos há 10, 20 anos e bem superiores a nós mesmos nas reencarnações pretéritas.

Portanto na verdade não ocorre extinção alguma, apenas um período de ausência, numa preparação maior ou aguardando as condições necessárias que cada espécie necessita para sua sobrevivência, reprodução e continuação. Agasalhadas no Hálito Divino, as referidas espécies por ali permanecem guardadas com o mais puro amor, respeito e dedicação pelos cientistas encarregados, verdadeiros guardiões delas, pois tudo em nosso Pai é perfeito.

Para se ter ideia da lentidão da evolução das espécies, basta atentar ao achado recente da bactéria *Pelagibacter ubique*, talvez a mais simples forma de vida no mundo animal, que nem mesmo tem condições de incorporar genes de outras irmãs, nem mesmo duplicar seus próprios genes, em sinal de ausência de evolução orgânica, nem mesmo processo de adaptação ao meio ambiente. Isso nos prova o início da jornada de uma vida dentro da mais singela simplicidade. Apenas a sua existência é demonstrada. Seguir seus passos, sua caminhada, não é coisa para cientistas, mas para os geneticistas de Deus. Recebemos para a presente edição o seguinte recado: como explicar essa infinita quantidade de vírus e bactérias, em nosso meio, diante da evolução que o senhor prega? Aqui, no Universo, haverá sempre condições para evolução, mesmo porque ninguém sabe a dimensão certa do Universo.

6ª pergunta – Como explicar a doença nas pessoas?

Na cultura Veda, quando a mulher briga com o marido ou com outro familiar dentro do lar, ela fica proibida de cozinhar por certo período.

Aquela cultura milenar tem experiência própria de que as vibrações de ódio, de cólera, até mesmo de ciúme, provocam nos alimentos um magnetismo pesado, doentio. Em nossa cultura, às vezes sentimos que a comida não nos fez bem. Promovendo recentes pesquisas, simples, mas com responsabilidade, em nosso atendimento, verificamos que tal fato acontece sempre em nosso meio, ou seja, mesmo com os alimentos com bom teor de pureza, não se observa boa digestão. E como resultado da pesquisa há forte correlação entre a cozinheira nervosa e o efeito digestivo.

Assim, a doença surge em nós como resultado de nossa invigilância, de nossas inferioridades, do nosso ódio, da nossa crueldade, da nossa falta de perdão e, mais ainda, de nosso duelo mental com nossos inimigos, adversários e, acima de tudo, da nossa falta de fé. E o mais próximo de nós somos nós mesmos.

Portanto o efeito residual de toda essa matéria eletromagnética produzida por nós fica em nosso organismo. Quando sentimos ódio ou qualquer forma de violência, a parte que predomina em nós reage estressadamente, produzindo toxinas, gerando estados patológicos.

Por outro lado, a nossa invigilância e até mesmo a falta de amor para com a nossa saúde, causa-nos doenças – o excesso alimentar, os tóxicos químicos e mentais, a indisciplina com horários, a falta de seleção de nossos alimentos. Mesmo sabedores de que o sono é um alimento, por sinal saudável, abusamos em nossa mocidade, com eterna vida noturna, com abusos de toda sorte, com ausência de sono, cumulada com ambientes de bebidas, fumo etc. Os excessos sexuais, as doenças adquiridas por essa conduta, enfim, a doença, é fruto de nossa indisciplina, de nossa invigilância, traduzindo-se por falta de evolução.

Por essa razão, quando Nosso Senhor Jesus Cristo curava alguém, dizia: "Vá e não peques mais". O que equivale a dizer: "Se continuar pecando, nunca obterá a cura".

Portanto só existe uma cura, a espiritual. Quando falarmos o bem, fizermos o bem, vivenciarmos o bem, desejarmos o bem, entraremos em sintonia com o bem, que vem de Nosso Pai Celestial, fonte eterna de todo o bem.

Além disso, quando o excesso de débitos é muito, muitas reencarnações são necessárias para o resgate deles. Tanto é verdade que muitas crianças nascem portadoras de enfermidades sérias, graves, inexplicáveis, a não ser diante da Justiça Divina, que se opera em nós homeopaticamente, já que recebemos sempre maior dose de misericórdia.

Assim, o melhor investimento em nós será sempre a oração e a vigilância: plantar hoje para colher amanhã.

7ª pergunta – E a doença nos animais?

Em tudo opera a bondade de Nosso Pai Celestial.

Imagine um animal violento, cruel, capaz de matar uma pessoa ou outro animal. Quando ele deixará essas violências e crueldades, mesmo sendo irracional?

Certa feita, nosso cão, guardado no canil, escapou. Em poucos segundos, em feroz corrida, embora escutando nossos gritos de socorro em favor do gatinho de estimação, nada o detete, em segundos o gato estava estraçalhado.

Assim, o animal, como todo ser vivo necessita da dor, da fome, enfim, do sofrimento, para a sua própria evolução.

Nascer, crescer, amadurecer, reproduzir-se e morrer, para repetir as mesmas operações, até a completa evolução, é da Lei Divina.

Numa encarnação, o cão feroz, subordinado à fome, ao frio, às doenças, busca outros recursos, ou seja, programa-se instintivamente. Isso tanto é verdade que, na doença e no sofrimento, ele fica mais dócil, na espera tanto do alimento quanto do remédio e do carinho.

E assim, de sofrimento em sofrimento, de doença em doença, ele se depura e seu instinto o educa para sua própria evolução.

Tanto é verdade que encontramos na mesma espécie canina, cães mansos, dóceis e cães violentos, cruéis.

Agora podemos entender como se opera a evolução. Quando um cão morre, ele surge na primeira ninhada próxima para uma nova oportunidade, para buscar o aprendizado. E nesse aprendizado, o cão, para se proteger, sente que, agindo com carinho, recebe bondade, mais alimento, maior cuidado, mais alegria das pessoas que dele se aproximam.

No mesmo aprendizado, sabe que sua violência gera nos que estão próximos atitudes violentas, hostis e, como resultado, leva pancadas, porretadas e recebe a própria morte, quando seu ato for de extrema violência. A vida para tudo e para todos é sempre um somatório de aprendizados.

Devemos observar o carinho com que os indianos tratam as cobras e delas se utilizam com exploração pública para obter rendas para sua sobrevivência. Elas se encontram no meio do povo, nos cestos e balaios, durante o ano todo, sem qualquer acidente fatal nas pessoas que delas se aproximam. Evolução das cobras? Sim, mas ajudadas pelos indianos, pois um depende do outro. Ela fornece o espetáculo público e ele fonte de alimento, surgindo uma convivência pacífica, porém vigiada.

Podemos afirmar, sem sombra de dúvida, que a evolução se opera duplamente nesse caso, entre o animal e o homem, no respeito mútuo e na valorização do aprendizado, tanto no instinto valorizado do animal quanto no amor necessário ao homem.

8ª pergunta – E a presença dos gênios da humanidade?

Não há privilégios e nada acontece sem que haja o processo de amadurecimento, vivenciado dia a dia, na busca constante do aprimoramento.

Nosso Pai, Criador do Universo, poderia, com muita facilidade, ter-nos criados perfeitos. Mas seríamos apenas uma máquina programada, robôs pensantes, computadores. Ele nos criou simples e ignorantes e quer nossa evolução, fruto de nossa vontade, de nossa luta constante em benefício de nosso aprimoramento.

Em qualquer lugar ou mesmo em uma oficina de trabalho, onde se reúnem pessoas, é fácil observar o estágio evolutivo de cada um, tanto no campo da inteligência quanto no da moral.

Façamos a seguinte experiência: distribuímos certa quantidade de argila para determinado número de pessoas. Delimitemos o tempo e busquemos o resultado, desde que todos sejam informados de que se trata da confecção de vasos. Após a entrega de todos os trabalhos, notaremos a evolução mental de cada um, isso no campo da arte. Aumentando o número de amostras e de pessoas, alcançaremos os que se destacam e até mesmos os gênios da cerâmica, embora com raríssima exceção.

Assim, temos a convicção de que Pavarotti, no canto; Leonardo da Vinci, na cultura geral; Beethoven, na música; Victor Hugo, na literatura; Einstein, na ciência; Alva Edison, no campo da invenção; Madre Tereza de Calcutá, na caridade; Chico Xavier, na pureza e nobreza de sentimentos e de ensinamentos, não são seres especiais criados com privilégios.

Todos eles chegaram aos estágios evolutivos em que se encontram, fruto de muita luta, de muito sofrimento, da vontade firme e direcionada para o bem. Fruto, portanto, de um plantio sadio. Assim, os referidos missionários há milênios vêm progredindo dia a dia, para atingirem o estágio em que se encontram.

Mas, mesmo assim, podemos notar que, embora haja a evolução intelectual de um lado, falta a evolução moral do outro, o que equivale a dizer que ainda há a necessidade de muita luta, muito aprendizado, muito sofrimento, para se obter a completa evolução moral-intelectual conjunta.

Cada reencarnação é um somatório de aprendizado, e como a cultura humana é cumulativa, o aprendizado constitui riqueza de cada um, que se soma a cada viagem ao corpo físico, bem como no Plano Espiritual, porque em lugar algum a vida é contemplativa. E ninguém consegue evolução sem luta e muito trabalho.

Pavarotti vem cantando suas canções há milênios e frequentando conservatórios no eterno aprendizado. O mesmo acontece com os demais em cada especialização. A evolução total ainda é fruto de muito aprendizado.

Quantos de nós às vezes tentamos buscar um invento e, nas primeiras tentativas, por falta de paciência (que se traduz em falta de evolução), abandonamos nossa pretensão?

Alva Edison, segundo se sabe, era capaz de tentar o mesmo invento por centenas de vezes, até a completa solução. Quem é capaz de dizer quantos milênios Beethoven gastou para ter a cultura musical que acumulou?

Os grandes pintores, os literatos, os gênios da ciência gastaram milhares de anos de dedicação, de esforço, para acumular o conhecimento de que desfrutam. Fruto da vontade deles e de mais ninguém, de lutas, renúncias, sacrifícios em prol de um objetivo, e conseguiram. Mérito deles e de mais ninguém.

Mesmo no campo da religião, observemos Madalena, que fez sua reforma íntima numa encarnação, deixou a vida de prazeres para buscar a da renúncia em favor dos leprosos. Abandonou sua beleza física para descer ao vale dos imundos, considerando-os como irmãos do coração. Recebe como prêmio a primeira visita de Nosso Senhor após sua volta ao plano maior.

Aqui, devemos considerar a presença de nossa Mãe Santíssima e de mais onze apóstolos. É de se perguntar por que a escolha coube a Madalena? A resposta do Alto é a de que Nosso Pai valoriza o coração renovado no bem. Portanto a evolução agora é de Madalena, ela a buscou, com renúncia e muito amor. Não há milagres e nem privilégios de Deus, mas o resultado do esforço, do trabalho, da dedicação, da motivação e da renúncia de cada um. A evolução é o prêmio merecido pelo trabalho desenvolvido por qualquer um de nós.

9ª pergunta – Como explicar gênios ateus e analfabetos religiosos?

Segundo consta, Stephen Hawking, que tem explorado a criação do universo, com suas teorias do big bang (evento que marca o início da história do universo, como num passe de mágica, tudo aconteceu, fruto das referidas megaexplosões), tratava-se de um ateu. Isso demonstra que a evolução dele aconteceu apenas no campo da intelectualidade que, por sinal, é elevadíssima, mas nada mais que isso. Ou, quem sabe diante de tanta intelectualidade, é revoltado com sua terrível moléstia? E por que a doença? Será que não é um freio, diante de tanto orgulho? Ou uma parada para raciocinar a magnitude de Deus? Ele, mais do que ninguém, estuda a grandiosidade do universo e, mesmo assim, é ateu. Portanto não desenvolveu as leis de amor, porque somente o amor faz com que o analfabeto, o ignorante, o inculto, seja um santo, na bondade, na aceitação, na renúncia, embora não tenha conhecimento científico e nem intelectualidade.

Deu-nos Eurípedes Barsanulfo, em seu poema "Deus", registrado na presente obra, o seguinte conceito sobre Deus: "O universo é obra inteligentíssima, obra que transcende a mais genial inteligência humana. E, como todo efeito inteligente tem uma causa inteligente, é forçoso inferir que a do universo é superior a toda inteligência. É a inteligência das inteligências, a causa das causas, a lei das leis, o princípio dos princípios, a razão das razões, a consciência das consciências; é Deus! Deus!... Nome mil vezes santo, que Isaac Newton jamais pronunciava sem descobrir-se!...".

Eurípedes Barsanulfo, quando compôs essa obra literária, presente para todos nós, era um simples professor da pequena cidade de Sacramento, Minas Gerais, no dia 18 de janeiro de 1914. Mas, como dissemos um cientista completo, tanto na ciência quanto nas leis do amor. Nosso cientista prestou relevantes serviços à humanidade.

Muito devemos Hawkins e não podemos, em hipótese alguma, culpá-lo por seus pensamentos e sentimentos que não iguais aos nossos, eis que desenvolveu apenas a intelectualidade. Um dia, ele mesmo e ninguém mais que ele dirá o contrário, reconhecendo não só a existência, mas a grandiosidade de Deus.

10ª pergunta – De onde vem a violência em alguns homens?

Cada ser, tanto animal quanto vegetal, situa-se num grau de evolução em forma de compromisso.

Assim, temos animais dóceis, mansos, verdadeiros, amigos, e outros feras, capazes de nos matar e de se alimentar de nosso corpo. O mesmo acontece no reino vegetal, com plantas belas e perfumadas, e outras feias, de odores horríveis. Plantas que curam, plantas que nos dão paz, que embelezam nossos lares, e outras capazes de nos matar. Daí, concluímos que cada ser está num estágio de evolução e que na natureza, tudo se alinha e se enquadra nas leis divinas.

A pessoa dá somente o que tem para dar e somente é nosso aquilo que temos para dar. Portanto a pessoa demonstra o que ela é e seu estágio evolutivo, suas reações, sua conduta, seu alimento, comprovam a sua condição.

O violento é aquele que ainda tem suas reações instintivas mais próximas do ponto de partida, ou seja, mais próximo da animalidade, em que suas reações de ontem estão grafadas em sua mente, em seu coração, com as leis do primitivismo. Suas reações se dão de acordo com as ofensas recebidas e, às vezes, nem é preciso a provocação, pois sua condição animalesca é tamanha que se sente bem em ser temido, em ser respeitado, por falta de evolução. É a lei bruta, do olho por olho, do dente por dente. Sente-se bem diante da violência, acredita na vitória da força, na lei do mais forte. Ainda fala nele a parte do animal e como tal reage.

Certa feita, quando exercitava a profissão de agricultor, feri, inadvertidamente, uma cascavel, que se enrolou toda, com a cauda machucada. Meu tratorista me disse: "Amanhã, nas mesmas horas, estará no mesmo lugar, aguardando a oportunidade de nos ferir". Sinceramente, não acreditei nessa história. Mas qual não foi a minha surpresa quando, no outro dia, estava lá, no mesmo lugar, pronta para devolver, em forma de vingança, a dor recebida.

Ainda temos muito de nosso estágio nas condições de cascavéis e de outros animais violentos. Sempre respondemos com violência às violências recebidas, ódio com ódio, cólera com cólera. Portanto o violento ainda é um homem imperfeito, predominando a sua condição de animal, mas, como todos, está a caminho da angelitude.

Não podemos, de forma alguma, exigir a repentina mudança de evolução de nossos semelhantes, porque ninguém muda de uma hora para outra, eis que tudo ocorre com muita lentidão, de maneira imperceptível, vez que Nosso Pai não tem pressa e quer que cada elo evolutivo seja completo, consolidado. Ninguém muda ninguém a não ser mudando a si próprio.

Coloque uma fruta verde sobre a mesa, diga-lhe que amadureça e obterá grande decepção, pois há tempo para tudo, conforme consta na Gênese bíblica.

11ª pergunta – O que demonstra a lição do perdão?

Certa feita, na presença do colégio apostolar, Nosso Senhor Jesus Cristo recebeu a seguinte pergunta: "O que mais agrada a Deus?". Nosso amado Mestre respondeu: "O exercício mais agradável a Deus é o do perdão". O apóstolo Pedro inquiriu: "Quantas vezes devemos perdoar, até sete vezes?". Disse-lhe Jesus: "Eu não vos digo sete, mas setenta vezes sete vezes. Por acaso, Nosso Pai conta o número de vezes que nos perdoa?".

Assim, Deus quer a nossa misericórdia diante das faltas e falhas de nossos irmãos para com a nossa pessoa, pois também falhamos, erramos e ofendemos.

Perdoar não é fácil e saber perdoar é quase que impossível em nosso estágio evolutivo. Não somos capazes de esquecer a ofensa, vez que nosso orgulho, ou seja, nosso amor próprio, é que foi ferido. A dificuldade é imensa, pois nos amamos muito mais que aos nossos semelhantes.

Não havendo esquecimento não há perdão e isso demonstra nossa imperfeição, nossa situação de pouca evolução. Não esquecer é a vingança, o duelo mental, a necessidade de compensação via sofrimento do ofensor, que nos modifica a maneira de ser.

Assim, só há um caminho para o perdão, que é a oração, no sentido de conseguir de nosso Pai uma oportunidade de fazer o bem a quem nos odeia e nos persegue. Aqui há compensação do amor diante da ofensa, e como o amor cobre a multidão de nossos pecados, essa é a solução.

Mede-se a evolução do ser humano pela sua capacidade de perdoar com total esquecimento da ofensa e, às vezes, ser capaz de dizer que merecia muito mais, que a ofensa foi insignificante. Em outras palavras, se a ofensa foi verbal, o evoluído é capaz de dizer: "Ele poderia ter me batido e o não fez". E quando você diz pode perdoá-lo, mas não quer vê-lo nunca mais, não houve perdão, mas uma condição de ficar livre da pessoa e da ofensa, vez que o coração está amargurado diante dessa ofensa.

A pessoa orgulhosa busca na vingança, no duelo mental, uma forma de compensação. O humilde, pelo contrário, além de sentir que mereceu a ofensa, procura esquecê-la e pede uma oportunidade ao Pai de fazer o bem a quem o ofendeu.

"Tio Chico, o senhor tem dificuldade de perdoar?" "Ah, meu filho, eu nunca me senti ofendido..." (evolução total).

12ª pergunta – Nossa evolução se opera somente na Terra?

Não. Assim como na Terra, cada aluno se matricula na escola e série pertinentes ao seu conhecimento, ao seu amadurecimento intelectual – o que nos leva a crer da impossibilidade de se matricular uma criança em processo de alfabetização num curso de doutorado ou de mestrado em Física, por exemplo.

O mesmo acontece com nossa condição evolutiva. Ela é compatível com a evolução do planeta. Conforme dito, ninguém amanhece santo ou puro, pois a evolução é o resultado do crescimento interior de cada um no trabalho do bem, da caridade, do amor e do aprimoramento intelectual.

Assim, a Terra é uma verdadeira escola e por aqui necessitamos desse aprendizado, porque ainda somos os escolares da alfabetização e não temos condições para frequentar ou estudar numa escola superior.

Nosso Senhor Jesus Cristo nos disse: "Na casa de meu Pai há muitas moradas". Quando, à noite, voltamos nossos olhos para o firmamento, registramos a presença de milhares de astros, estrelas, que são as moradas ditas por Jesus. Cada ser vive na morada que lhe é própria, compatível com a sua evolução, pois não há privilégios e modificação nas leis divinas, pois elas são eternas e nada se muda.

O que vale dizer que por aqui permaneceremos até o término de nosso compromisso com a nossa evolução diante da evolução planetária. Nossos credores aqui vivem e estão vinculados ao planeta. Nossos débitos foram cometidos aqui e aqui serão resgatados. Aqui passaremos por nossas provas e expiações. Aprenderemos o necessário para voos maiores.

Enquanto houver uma lágrima nos olhos dos nossos semelhantes por nossa causa, por aqui ficaremos, até a reparação de todos os nossos erros, inclusive secá-la, dentro das leis de amor. Quando, efetivamente, quitarmos nossos débitos, repararmos nossas faltas, passarmos por todas as provas, expiações e terminarmos nosso compromisso de aprendizado nesta escola, usando uma expressão vulgar, faremos nossa mala e viajaremos para outra dimensão.

Falamos aqui da classificação das moradas. Temos mundos primitivos, de provas e expiações, de regeneração, mundos felizes e moradas sublimes. Portanto, até alcançarmos a santificação, ainda teremos que andar e sofrer muito. Basta dizer apenas que, na escola das moradas, gastamos 150.000 anos para mudar de mundos primitivos para o de provas e expiações.

Alguém poderia dizer que é muito tempo que se gasta para a evolução. Respondo que a Terra tem mais de 4,5 bilhões de anos e, na condição de animais, percorremos o tempo evolutivo de um bilhão e quinhentos milhões de anos para recebermos o uso da razão. Portanto muitos milênios serão necessários para nossa santificação, e para que ocorra a nossa completa evolução ainda teremos que passar por muitas moradas.

13ª pergunta – Adão e Eva foram os primeiros habitantes do planeta?

Não. Trata-se de uma tradição bíblica da mesma forma que a referida tradição fala que o mundo foi criado em seis dias, por volta de 4.000 anos antes da era Cristã, e que antes disso a Terra não existia – a própria ciência provou o contrário. Hoje, sabemos que a Terra teve a sua construção iniciada por volta de 4,5 bilhões de anos e que os seis dias nada mais são que seis períodos.

Vimos, também, que o ser humano está na Terra há cerca de 150.000 anos e aos poucos a própria ciência, por meio de um sítio aqui, outro ali, somando as datas, vai se aproximando dessa comprovação. O mundo fóssil não só prova a data da criação de cada espécie como também a geologia comprova a data da Terra e a paleontologia tende a provar o tempo em que o homem nela reside.

Acreditamos, ainda, que se trata de um mito bíblico ou até mesmo uma alegoria, visando a personificar o homem, não se devendo dar prioridade a nomes. Da mesma forma que a criação em seis dias se confunde com seis períodos, Adão pode ter sido um sobrevivente de diversos cataclismos ocorridos por volta de 6.000 anos (nada mais do que isso), cuja sobrevivência deu origem a uma família ou até mesmo a uma raça denominada raça adâmica.

A própria ciência já encontrou fósseis humanos com mais de 100.000 anos e, por essa razão, podemos adiantar que Adão é, sem dúvida, uma alegoria, sem ter deixado de existir.

Sem medo de errar, podemos afirmar que Adão não foi o primeiro humano a habitar a Terra, nem mesmo seus descendentes, pois segundo nosso estudo, estamos na presente morada há mais tempo que o nosso Adão bíblico.

Adão e Eva são apenas sobreviventes, em determinada região, que deram continuidade ao povoamento daquela região e nada mais do que isso. Mas, cientificamente, pelos registros fósseis e as notícias da Espiritualidade Maior, o homem está na Terra há 1.500 séculos. Adão pode ter sido o remanescente do dilúvio bíblico, regional, limitado a pequena área e, portanto, apenas o tronco de uma das raças que hoje povoam parte da Terra. Então podemos agora afirmar ser Adão uma figura lendária, um mito.

14ª pergunta – Quando um homem que nunca tenha errado comete um crime, podemos afirmar que houve um retrocesso, já que a obra toda fala em evolução?

A bem da verdade, o coração humano é terra que ninguém pisa ou conhece. É sempre uma incógnita.

Temos observado temperamentos calmos, índoles serenas, que se transformam em feras, em vulcões humanos de um momento para outro.

Foi dito que a evolução é constante e que na Lei Divina não há retrocesso, que cada conquista constitui patrimônio ou tesouro do coração de cada um, a ponto de o Divino Mestre ter dito: "Teu tesouro, teu coração".

A evolução humana é comparada a uma escada. Cada degrau subido é uma conquista moral, portanto, evolutiva, e não desce a degrau inferior por ser da lei o progresso constante.

As pessoas ditas calmas, serenas, que de uma hora para outra cometem crimes, às vezes bárbaros, a bem da verdade não subiram degrau algum. Dentro delas estava latente o germe da violência, da crueldade, amealhavam a vontade de cometer tais crimes, delitos e violências. Apenas lhes faltavam ocasiões propícias. Assim não há retrocesso, apenas cada um mostra o grau de evolução conquistada. Essas pessoas, no caso, aguardavam apenas a ocasião para demonstrar a sua condição evolutiva.

Na própria natureza nós observamos a conduta dos animais violentos, carnívoros por excelência, sua pseudocalma e falsa tranquilidade. São capazes de namorar suas presas por longo momento, com calma, paciência, para aplicar o golpe fatal.

Assim também acontece com o ser humano, como sendo uma incógnita sua conduta, sua transformação de um momento para o outro. Apenas faltava-lhe a ocasião. O que significa que ele ainda não conquistou a evolução necessária para agir como um ser evoluído, no uso da razão. Ele está mais próximo da animalidade do que da angelitude.

15ª pergunta – Como explicar a diversidade de profissões, de funções, de talentos etc.?

Sabemos perfeitamente bem que cada ser humano é um recado do Pai, na Terra, feito em forma de compromisso. Portanto tudo está certo, tudo se enquadra nas condições cármicas de cada um.

Cada ser traz o seu compromisso, chamado de recado do Alto. Ao executar a missão ou o recado, ele demonstra a aptidão, que nada mais é do que a motivação necessária para tanto.

A plateia se cala diante do cientista.

O público permanece em silêncio diante da execução de bela música.

Somos testemunhas de atos de verdadeira coragem, de heroísmo de nossos irmãos e sentimo-nos pequenos diante deles.

Assim, vamos observar o reinado de cada um diante de sua aptidão. Temos reis da música, da pintura, da literatura, da arte etc.

Essas pessoas já passaram por muitas experiências em suas áreas específicas em outras etapas reencarnatórias. Tudo fizeram para o seu progresso. Muita luta, muito esforço, muita renúncia e não desanimaram diante das dificuldades.

Alva Edson produziu centenas de inventos, mas segundo sua biografia e relatos de sua própria vida, era capaz de repetir inúmeras vezes a mesma experiência até a conclusão final. E, nós, na terceira, quando muito na quarta tentativa, chutamos tudo e abandonamos.

Assim, diante da tenacidade, da resistência, da motivação, o artista adquire recursos psicossomáticos para dar continuidade ao seu trabalho, ao seu compromisso e, portanto, dar seu recado.

Se, pelo lado negativo, observamos o resultado da falta de evolução do comportamento humano, vejamos agora a evolução em seu lado positivo, em que, pela maneira latente, o seu germe se manifesta. Segundo consta, Einstein foi mandado embora de uma empresa de bonde por não saber fazer troco e seus pais foram chamados na escola pública porque ele não tinha condições para continuar seus estudos (deram a entender que ele era burro). Poucos meses depois de Edison entrar na escola, o professor considerou-o um perfeito idiota. A cantora lírica Schumann-Alink, nos seus primeiros ensaios, num teste de voz, foi aconselhada a ser costureira. Rossini, assim que iniciou seus estudos de música, foi orientado a abandonar aquela carreira, pois não tinha dom.

16ª pergunta – Há alguma evolução na morte?

"Tu és pó e ao pó tornarás", aplica-se somente ao corpo físico. A nossa imperfeição é tamanha que invertemos os papéis, valorizando exageradamente o perecível, o envelhecível, o descartável, em detrimento do verdadeiro valor que é a evolução moral e intelectual do ser humano. Temos que encarar a Eternidade e não esta passagem rápida pelo corpo.

Passamos a vida toda cuidando da aparência externa, do físico, sem perceber o mais importante, ou seja, os valores internos, os que realmente são nossos. Estes, sim, pertencem-nos e os transportamos pela eternidade afora como nossos tesouros.

Tanto é verdade nossa preocupação com o exterior que Jesus disse que o que importa é o que sai da boca, porque a boca fala do que está cheio o coração.

Nós ainda não aprendemos o verdadeiro sentido da morte física, que liberta a alma para que ela continue seu processo evolutivo. É como se fosse a libertação de um pássaro preso na gaiola: quando se vê livre, voa, canta e transborda de felicidade.

A morte é a porta para a verdadeira vida, ou seja, a vida espiritual, de onde viemos e para onde vamos. Ela significa oportunidade de colheita do plantio feito na experiência das vestes físicas, ou seja, quem soube valorizar a vida nos campos do amor, da caridade, do dever cumprido, da consciência tranquila, nunca teme a morte, pelo contrário, a espera com certa dose de contentamento e porque não falar de alegria.

A morte significa o fim de nosso exílio, o cumprimento de nossa prisão e, portanto, da pena a que fomos condenados a viver, com oportunidades de resgatar nossos débitos, passar pelas provas, expiações, depurar-nos para voos mais altos. Existe a morte do tempo perdido.

Portanto feliz daquele que soube administrar a oportunidade nas vestes físicas. Ele sai vitorioso da batalha, deixando o campo com a sensação do dever totalmente cumprido.

Trata-se, na verdade, de uma despedida temporária, pois estaremos no Plano Espiritual, em condições bem melhor de que quando de lá partimos para o exílio que acabamos de deixar. Devemos valorizar a vida como sementeira de oportunidades, mas não desprezar e nem temer a morte, porque nosso Pai tem tudo preparado para nossa evolução, tanto no plano físico quanto no plano extrafísico.

Por se tratar de uma despedida sem data certa de reencontro, nós sentimos a dor da partida quase que como se nunca mais fôssemos nos encontrar, quando, na verdade, estamos lado a lado com excelentes oportunidades de crescimento, já que no plano extrafisico o sofrimento se prende somente na expiação de ordem moral, pois não há mais dor física, não há mais interesse de ordem material. Aí, sim, a vida tem o seu verdadeiro sentido, pois teremos a oportunidade de valorizar, de crescer, de investir naquilo que realmente nos pertence, o nosso tesouro, que são as nossas riquezas morais e espirituais.

Sendo assim, nós nunca morremos, apenas abandonamos a roupa velha e continuamos na vida de espíritos imortais, criados por nosso Pai, para atingirmos a perfeição.

Se observarmos bem, embora não tenhamos parâmetros em nosso passado, não sabemos de nosso QI há trezentos ou quatrocentos anos, mas sabemos que progredimos muito e que, com a evolução em torno de pouco mais de 10%, já somos capazes de produzir armas de exterminação em massa. Assim, a morte nos livrará de débitos escabrosos e nos favorecerá para oportunidades benfazejas.

Em suma, tememos a morte em razão do remorso, como sendo um lampejo de Deus sobre o complexo de culpa que se expressa por enfermidade de consciência, o que significa que nosso temor não é propriamente a morte, mas nos depararmos com a nossa consciência no Plano Espiritual, no qual estaremos frente a frente com o Seu tribunal para enfrentarmos a Lei Divina diante de nosso regresso a esse plano. Uma vez que já experimentamos essa infeliz situação em outras mortes por nós experimentadas, revivemos nossa dor, a desilusão por que passamos ao jogarmos fora uma santa oportunidade de fazer a nossa reforma íntima, aquela sensação de derrota, por nosso orgulho, vaidade, sensualidade, cólera, ciúme, invejas milenares e, ainda, sendo portadores das mesmas doenças da alma.

Repetimos que se a nossa vida foi plena de boas ações, se fomos honestos, se cumprimos nossas obrigações com a família, nossos deveres com a pátria, nossa responsabilidade diante da profissão, se amamos o próximo, se colaboramos para a felicidade de nosso semelhante, se já estamos acostumados a fazer o bem, então a nossa partida para a vida espiritual será plena de felicidade, pois uma é a continuação da outra; não são duas vidas, já que somos uma só pessoa, que muda de estágio para o crescimento que Deus nos proporciona. Não há motivos para choros, nem lutos exteriores, muito menos interiores, desesperos de quaisquer formas, tristezas, pois iremos colher o plantio feito por nós mesmos. Como é bela a Justiça Divina!

17ª pergunta – Há possibilidade de evolução para o privado da inteligência e do uso da razão?

Sim, pelo simples fato de estar nesta condição a pessoa está evoluindo, pois ao resgatar débitos escabrosos do passado, prepara-se para uma nova etapa sem débitos; é impossível o endividamento cármico de quem se encontra nesta situação.

Assim, os que reencarnam sem o uso da razão, da inteligência, provavelmente foram suicidas, que dispararam sobre o próprio cérebro, danificando-o. Consequentemente, quem danifica o corpo carnal danifica seu correspondente espiritual. No caso, o projétil atingiu duplo alvo: o carnal, matando o corpo, e também o espiritual, lesando-o, e é da Lei Divina que devemos pagar ceitil por ceitil. A dívida cometida contra nós também deverá ser quitada.

Agora se torna fácil explicar a presença do paralítico que se atirou debaixo de um veículo ou fez o mesmo com seu semelhante; a presença do anão, que deve à sua condição o fato de ter se suicidado, atirando-se em abismos ou de prédios, achatando seu corpo físico e provocando a mesma lesão no corpo espiritual.

Toda pessoa que perde um membro, por exemplo, um dedo ou a própria mão, carrega para sempre a sensação da presença física daquele membro, o que vale dizer que está presente o corpo espiritual daquele membro; quando extraímos um dente, temos a nítida sensação da presença do dente.

Toda lesão que causarmos em alguém ou em nós mesmos terá que ser reparada nesta ou em outra encarnação. Portanto não há investimento melhor que o bem, porque o faz se aproximar da fonte de todo bem, que é Deus.

Ontem o adultério, hoje a viuvez precoce. Ontem o assassinato seguido de suicídio, hoje a esquizofrenia até a loucura total e morte. Ontem lesamos o sentimento de alguém na área do amor e do sentimento, hoje é o cônjuge destrambelhado em nosso domicílio, cobrando o débito. Ontem a sedução, a promessa de casamento, a gravidez e o abandono, hoje o filho problemático, doente da alma, de difícil reajuste, e temos que sofrer aquilo que fizemos os outros sofrerem.

Temos que, a toda ação corresponde uma reação; a todo débito, o resgate.

No assassinato temos um endividamento duplo, pois teremos que conseguir o perdão e a reparação do dano causado. A morte lesou os sentimentos de muitas pessoas. Às vezes, um pai de família que deixa viúva e filhos pequenos em intenso sofrimento, acarreta ao devedor dupla pena para a necessária quitação. Ele terá que conseguir o total esquecimento em forma de perdão e a reparação das lesões ocasionadas em todos os envolvidos no ato.

18ª pergunta – Como os assassinos em massa, como Nero, Hitler e outros, conseguem quitar seus débitos para seguirem a marcha da evolução?

Antes de tudo, temos que entender que Deus não tem um filho para perder ou jogar fora, fomos criados para a eternidade.

Embora com débitos dolorosos, esses seres foram instrumentos para o resgate de milhões de pessoas, pois não há algoz e nem vítimas totais. Somos todos devedores da Lei Divina, já que estamos na Terra há milhares de anos. Assim, quantas mortes todos nós praticamos, quantas lesões de todas as espécies.

Portanto os referidos assassinos em massa são instrumentos de resgate em massa também.

Depois do arrependimento, da expiação por muitos anos, até que haja a sublime vontade direcionada à quitação coletiva dos débitos, Nosso Pai concede-nos a oportunidade do bem coletivo. Tanto é verdade que, sem serem santos ou puros, quantos cientistas descobrem vacinas que salvam a humanidade de doenças terríveis ou até mesmo medicamentos que mudam a história da medicina! Ou até mesmo no canto, na música, para alegrar corações e embelezar sentimentos; na pintura, para adoçar a alma; na poesia, para alegrar os sentimentos. E, ao que parece, nenhum deles foi santo ou espírito puro, apenas cidadãos comuns com uma bela missão redentora.

Diante de débitos de significativa expressão, que trouxeram inúmeros sofrimentos, sem o arrependimento e a vontade de reparar o mal coletivamente, o cidadão é degredado para planos inferiores, em moradas primitivas, como escravo, por muitas e muitas reencarnações de sofrimento, de misérias, de dificuldades, até que ele realmente queira reparar o mal coletivo causado.

Assim, estamos capacitados a explicar a existência das construções das enormes pirâmides no Egito, construções com mais de 50.000 m², com pedras de algumas toneladas colocadas a alturas elevadas, quando, naquela época, não existia eletricidade, motores, nenhum recurso hidráulico para tanto e hoje, matematicamente, as referidas pirâmides são exemplos de engenharia.

Na verdade, são humanos que foram degredados de planos superiores por sua baixa condição moral e elevada inteligência. Assim, expulsos de moradas superiores, trouxeram para a Terra a evolução mental na engenharia, na construção, na medicina, nas artes etc.

Tal fato pode ocorrer agora, no divisor de uma nova aurora, em que humanos que não querem mesmo iniciar suas respectivas reformas íntimas, com excelentes oportunidades para resgate em benefícios coletivos, endividando-se cada vez mais. As referidas pessoas já não mais reencarnarão na Terra. Logo após seu desencarne, serão levadas para planos primitivos, onde serão mais úteis do que por aqui já que não conseguem melhorar e perdem todas as oportunidades, tanto na riqueza, na política, no meio empresarial, na educação, enfim, em milhares de oportunidades, pois Nosso Pai sempre nos dá a sua misericórdia, deixando a justiça para quando não houver mais condição do despertar voluntário. Hitler, segundo consta, terá 1.000 anos de reclusão, solidão total em planos trevosos, sem consolo. Apenas receberá a visita de Ghandi, que pediu licença a Nosso Senhor para levar amor à sua solidão.

19ª pergunta – Quais os benefícios do casamento para a evolução humana?

Conta uma lenda hindu que "Deus tomou a redondeza da lua e a ondulação da serpente, o entrelaçamento da trepadeira e o tremer da erva, a esbelteza do caniço e a frescura da rosa, a ligeireza da folha e o aveludado do pêssego, o olhar lânguido da corça e a inconstância da brisa, o pranto da nuvem e a alegria do sol, a timidez da lebre e a vaidade do pavão, a doçura da penugem que guarnece a garganta dos pássaros e a dureza do diamante, o sabor doce do mel e a crueldade do tigre, o gelo da neve e o calor do fogo, o cacarejar do galo e o arrulho da rola. Misturou tudo isso e fez a mulher. Ela era graciosa e sedutora. E, achando-a mais bela que a íris e a gazela, Deus, orgulhoso de sua obra, admirou-a e deu-a de presente ao homem.

Alguns dias depois, meio confuso, o homem procurou Deus e lhe disse: 'Senhor, a criatura que me ofereceste envenena minha existência, tagarela sem cessar, lamenta-se a propósito de tudo, chora e ri ao mesmo tempo, é inquieta, exigente e melindrosa, está sempre me importunando e não me deixa um instante sossegado. Suplico-te, Senhor, chama-a de volta para Ti, pois não posso viver com ela'.

E Deus, amorosamente, recolhe a mulher.

Alguns dias depois, o homem busca a Deus: 'Senhor, minha vida é uma solidão desde que Te restituí aquela criatura. Ela cantava e dançava na minha frente, que suave expressão tinha ela quando me olhava de lado, sem voltar a cabeça. Ela brincava comigo! E não há fruto mais delicioso, de nenhuma árvore, que se compare às suas carícias! Imploro que me devolvas, não posso viver sem ela!'.

Deus, sentindo pena daquele homem, devolve-lhe a mulher.

Pouco tempo depois, olha o homem de volta: 'Senhor, não sei como isso acontece, mas a verdade é que esta mulher me dá mais aborrecimento do que prazer. Fica com ela, que eu não a quero mais!'.

O Senhor disse-lhe, definitivamente: 'Homem, regressa à tua casa com tua companheira e aprende a suportá-la. Se Eu a aceitasse de volta, daqui a oito dias tu virias de novo importunar-Me para reavê-la. Vai e leva-a contigo'.

Resmungando, o homem falou: 'Como eu sou infeliz! Duplamente infeliz, porque não posso viver com ela e não posso viver sem ela!'".

O casamento é a mais bela instituição humana, fonte da família, da presença de todos nós na Terra, pois há a necessidade da união de dois seres, num processo somatório, para a reaprendizagem de todos nós.

Por outro lado, a palavra "acaso" não existe no dicionário divino. Não há, a bem da verdade, casamento por acaso. São compromissos firmados antes da reencarnação para o burilamento recíproco, o resgate de débitos para com terceiros na condição de filhos.

Assim, somente haverá casamento quando ele se realizar todos os dias ao nível de entendimento, de renúncia, de respeito e de diálogo. É importante que haja amizade, companheirismo, confidências recíprocas, respeito e, acima de tudo, fidelidade. A lenda não se completa e nem traz qualquer resultado prático.

No casamento verdadeiro não há egoísmo, não há posse, não há interesses mesquinhos, mas sempre o jogo da verdade, da transparência.

Os pais são os primeiros professores, já que o lar, além de escola, hospital, é o recanto da paz e da felicidade. Portanto temos o primeiro dia de vida, o primeiro dia de aula e assim sucessivamente, até o completo cumprimento do compromisso.

No casamento e no lar tem que haver 80% de exemplos e 20% de diálogos. Diante das dificuldades apresentadas, soluções a dois. Problemas surgidos, consultas a dois. Tristeza, depressão, angústia, peça socorro ao companheiro. Não faça um negócio e não assuma nenhum compromisso sem consultar o cônjuge, pois duas cabeças pensam sempre mais que uma.

Nas doenças, nas dores, nos negócios, contem sempre um com outro. Companheirismo para sempre, pois o que comanda o casamento é a amizade do casal. Lembrando que a palavra amigo é superior à palavra irmão, pois

Nosso Senhor Jesus Cristo a reservou para poucos. Seja amiga de seu cônjuge, eis a solução.

Certa feita, num momento inesquecível, tivemos a oportunidade de participar, aleatoriamente, de uma missa na Catedral da Sé, em São Paulo - SP, quando ali se realizava a comemoração de setenta anos de casamento de dois idosos, ele com 93 e ela com 89 anos de idade. Após o comentário evangélico, o senhor vigário aproximou-se daquela bondosa velhinha e lhe perguntou: "Senhora, como conseguiu viver setenta anos ao lado deste senhor?". Ela respondeu-lhe: "Senhor padre, eu me fiz de surda, de muda, de boba e o tempo foi passando, sabe?". Aí colocou a mão no ombro do marido e disse: "É que eu gosto muito deste homem". Pronto, a fórmula certa: renúncia, sacrifício, paciência e muito amor.

20ª pergunta – Como promover a autoevolução?

A solução foi apresentada por Sócrates, filósofo grego, há 2.300 anos, que disse: "Conhece-te a ti mesmo".

Conhecendo seus defeitos, suas falhas, seus fracassos, suas más inclinações, suas más tendências, onde você tem maior facilidade de queda, tudo se torna mais fácil, desde que não seja orgulhoso e os reconheça.

Sabemos da impossibilidade de amanhecer santo ou puro, então o que Deus espera de nós? Aqui, o que manda é o esforço e a gigantesca força de vontade na luta contra seus próprios defeitos.

A reforma íntima de cada um somente acontecerá quando a pessoa assumir seus próprios erros, vícios e quedas morais. Esse é o primeiro passo, os demais são uma sequência normal de aprendizado.

Sentando ao pé da cama, conversando consigo mesmo e pela meditação, você conseguirá andar mais depressa no caminho da autoevolução.

A oração é, sem dúvida alguma, o valor primordial para o fortalecimento da vontade diante de suas fraquezas e de suas quedas morais. Feito isso, inicia-se a vigilância constante. Vigiando-se, sente-se fortalecido para andar mais depressa, pois estará motivado para não cair em tentação.

Fale sempre bem de todas as pessoas, procure sempre o lado bom das pessoas, das coisas e dos acontecimentos. Fale sempre de seus defeitos, de suas imperfeições, de suas fraquezas e da necessidade que tem da ajuda dos amigos para autovigilância.

Tudo depende de você e de ninguém mais. A sua evolução pertence a você, é seu talento, sua oportunidade.

Recorra a Nosso Senhor Jesus Cristo e peça-lhe socorro, peça-lhe proteção, ajuda. Faça como Joana de Chantal, que disse: "Converse tão próximo de Jesus, que nem seu anjo de guarda possa ouvir".

Jogar o homem velho fora, seus defeitos, suas quedas morais, não é obra de dias, é provavelmente de milênios, mas é preciso dar os primeiros passos, e o resto vem por acréscimo.

Muitos conseguiram numa só reencarnação eliminar uma grande parcela de imperfeição e chegar bem próximo da perfeição, portanto não é impossível, tudo depende de nós.

Lembre-se do valor que nosso Pai dá ao coração renovado no bem. O próprio Mestre exemplificou-nos quando surgiu em primeiro lugar à Madalena, após a crucificação, sem nos esquecermos que ainda estavam no corpo físico onze apóstolos e a Mãe Santíssima.

Portanto, confesse seus pecados no silêncio de seu quarto, busque o conforto da oração, diga de boca cheia da vontade de corrigir e peça suporte de amor, de determinação, de motivação, com forte dose de coragem para a vitória final.

Caso sinta-se orgulhoso, egoísta, vaidoso, soberbo, observe os que estão morrendo em verdadeiros pedaços humanos; observe que se ficar alguns dias sem se lavar, irá ter odor desagradável; lembre-se que em breve se tornará pó, daí esforçar-se para ser amigo de todos e tratar todos com benevolência, carinho e bondade. Diante do egoísmo, procure dar a sua melhor camisa ou roupa, sem apego algum. Sendo explosivo, colérico, irritado, domine esses impulsos, torne-se manso e pacífico, leia livros de autoajuda, romance de renúncias, biografia dos grandes missionários. Diante da desonestidade, da mentira, da falsidade, das doenças da alma, de profunda irresponsabilidade (que se tratam de faltas de evolução moral), pare, pense muito sobre elas e comece por amealhar virtudes, procurando ser honesto, evitar a mentira, falar sempre bem das pessoas, ser leal, mesmo a preço de muita luta e sacrifício.

Lembre-se de que seu tesouro, é seu coração; a boca fala do que está cheio o coração. Agora tudo depende de você e de ninguém mais.

21ª pergunta – O que é vontade?

É a faculdade que cada um dispõe de dirigir sua própria vida, de direcionar seus atos, de orientar-se em suas decisões. É, portanto, o comando da sua própria existência. A liberdade de ir e vir, de fazer o que bem entender, depende de sua vontade, que se denomina livre-arbítrio.

Buscando a afirmação do filósofo francês Antoine De Saint Exupéry, "Tu te tornas eternamente responsável por aquilo que cativas", podemos traduzi-la em relação à nossa vida como "você é o responsável por seus atos, por suas ações, pois você, tendo a liberdade de errar, tem a mesma liberdade de acertar".

Sendo a vontade uma faculdade, a responsabilidade em seu uso cabe a cada um. Assim, quando abusamos de nossos atos sofremos as consequências deles.

Busque um longevo, pessoa com mais de 90 anos, e observará que ele utilizou sensatamente o livre-arbítrio; teve uma vida simples, bons atos, alegria, vontade de viver, e alimentou-se apenas do necessário para sobreviver. Muitos jogam a vida fora, desencarnam com pouco mais de quarenta anos de idade por excessos de toda ordem (sexuais, alimentares, vícios) ignorando, assim, a existência.

Deus concedeu-nos o livre-arbítrio, porque Ele quer que nós atinjamos a perfeição. Sendo assim, a nossa perfeição torna-se fruto de nossa vontade, de nosso esforço.

Somos artífices de nosso destino, pois podemos mudar nossa jornada na Terra, ter longevidade ou precocidade de vida, muita saúde ou doenças constantes.

Temos duas opções: uma, é sacrificar uma parte de nossa existência com estudo, formação profissional, aperfeiçoamento profissional, e a outra, ter uma existência de lutas e sacrifícios até o fim da jornada. Aqui está o exemplo clássico do livre-arbítrio e do uso que fazemos dele. Sua tranquilidade ou sofrimento, sua saúde ou doença, sua alegria ou tristeza, tudo depende de você mesmo.

Caso tenha dificuldade de administrar seu livre-arbítrio por falta de amadurecimento, busque a fé, a religiosidade e muita oração como suporte para a luta a ser travada, para a evolução sem a queda.

Nosso pensamento é ininterrupto, daí nossa necessidade constante de vigilância, oração, ser a central terminal de fofocas, de depressão, de angústia, enfim, orientar o pensamento positivamente no bem. Eis que, sendo ininterrupto e tendo em vista a nossa impossibilidade de permanecer em vigilância ou mesmo em oração durante as vinte e quatro horas de cada dia, só existe uma solução: a oração matinal pedindo proteção, conselhos e orientações do Alto, e a oração ao se despedir do dia, buscando, também, pela mesma forma, a orientação, o caminho, a solução de cada problema durante o repouso do corpo físico, já que o espírito não descansa, não adoece e estará em sintonia com a sua própria mente. Via oração, ao dormir, busque a presença dos bons amigos do Alto, pelos quais você poderá receber as necessárias orientações, poderá participar de estudos, de aprendizados. Conforme já foi dito, não dê resposta no mesmo dia a quem quer que lhe ofereça negócio, sociedade, serviços etc.

Busque o conselho dos amigos, de seu anjo guardião, para que, à noite, possa receber as instruções necessárias para o não endividamento e o não comprometimento.

22ª pergunta – O que se deve entender por Reino dos Céus?

Céu e inferno são estados conscienciais. Ninguém entrará no gozo da felicidade com débitos a resgatar.

Alcançar o Reino dos Céus, no dizer do Senhor, é estar em paz com a consciência, nada dever a quem quer que seja, um estado de pureza, de leveza no coração; é poder dormir no travesseiro da consciência tranquila e poder dizer: "Ninguém tem nada a reclamar de minha pessoa".

Não se deve entender um espaço localizado no firmamento como sendo Reino dos Céus, pois esse reino terá que acontecer em nosso coração, conforme ficou dito.

Não podemos confundir Reino dos Céus com moradas celestiais. O primeiro é o estado consciencial e, as segundas, as casas dos puros, dos espíritos que já se libertaram de todos os débitos, que já fizeram sua reforma íntima e hoje têm por morada planos elevados, onde predominam somente o amor, a caridade, onde não há riqueza, nem miséria, onde não há orgulho e muito menos egoísmo, onde a única preocupação é fazer o bem desinteressadamente, onde, ainda, a evolução intelectual é compatível com a condição do próprio orbe, enfim, onde estão pessoas estudiosas, laboriosas, prontas para fazer o bem.

Os felizes no Reino dos Céus são os que fazem o bem, os que cumprem seus deveres, suas obrigações para com seus irmãos, os que renunciam a si mesmo, eclipsam-se para servir desinteressadamente. Os infelizes no Reino dos Céus são os que têm a consciência pesada, denegrida, os egoístas, os orgulhosos, os invejosos, os avarentos, os ciumentos.

A diferença entre Reino dos Céus e morada celestial é a transitoriedade do primeiro e a condição permanente das segundas. O primeiro você sentirá momentaneamente, ou seja, quando você pratica a caridade, uma boa ação, você sente o efeito do plantio, um estado momentâneo, já que você ainda não está preparado para viver nas moradas celestiais, em razão de débitos a serem quitados, provas e expiações a serem suportadas, enquanto que nas moradas celestiais, sua condição é permanente.

23ª pergunta – Sendo a caridade o fator de maior relevância para a evolução, como praticá-la?

Muitas pessoas confundem esmola com caridade. Dar um prato de sopa, agasalhos, remédios, sapatos a um necessitado é obrigação nossa, nosso dever de socorrer um filho de Deus. Sendo nosso irmão, já não temos que falar em caridade, mas em dever.

Doe um prato bem sortido de alimentos a um mendigo e depois de algum tempo pergunte-lhe o que ele comeu. Dificilmente, irá lembrar-se. É de essencial importância para a nossa vida, mas ele se esqueceu.

Por outro lado, ao dar o prato de comida, procure saber das necessidades dele, de sua condição, porque sofre, enfim, sentir que os problemas dele são bem maiores que os nossos, e depois de ouvi-lo com amor e paciência, orientá-lo na vida, conseguir-lhe uma colocação, uma fonte de trabalho, dar-lhe um conselho que irá mudar a sua vida para melhor. Agora, sim, nós sabemos o que é caridade.

Antes de Nosso Senhor Jesus Cristo vir pessoalmente nos trazer a Lei de Amor, ou seja, um novo *modus vivendi*, e apesar da Terra já ter recebido o maior conjunto de filosofia, de lógica e de ciência de espíritos muito evoluídos, que trouxeram valiosos ensinamentos que perduram até hoje como fonte do saber, ninguém, ninguém mesmo, havia pronunciado a palavra caridade.

Somente Jesus, com a parábola do bom samaritano, ensinou-nos a lição de quem é nosso próximo, que é a pessoa que mais necessita de nós. E ali, na parábola, notamos o papel do samaritano diante do judeu espoliado, ferido, abandonado por terceiros, que o viram naquela situação, enquanto que o samaritano pensou-lhe as feridas, dialogou com ele, levou-o para uma estalagem, dele cuidou um dia, deixando recursos financeiros com o dono da estalagem para cobertura do tratamento e prometendo acertar tudo que fosse gasto a mais em seu retorno. Pronto, agora temos tudo: o socorro, o conselho, a proteção e a renúncia desinteressadamente.

Caridade em casa é ser solução e não problema, é saber suportar as pessoas difíceis com as quais somos obrigados a conviver e ainda ser capaz de dizer: "Eu é que sou difícil, preciso melhorar muito, ter mais paciência".

Caridade é soma de virtudes. Faltando uma só delas já não temos mais a caridade, pois é um somatório de bondade. Torna-se fácil conceituar caridade como sendo fazer ao próximo tudo aquilo que gostaria de receber. Portanto caridade é trocar de lado.

Ao concluir um negócio, troque de lado antes e se pergunte se o referido negócio é bom, se traz excelentes resultados para a outra pessoa. Sendo a resposta positiva, deve-se concluir o negócio, caso contrário, abandone-o.

A pessoa caridosa não é egoísta, não é vaidosa, não é orgulhosa, não se vinga, não guarda ódio nem rancor, nunca procura se vingar, esquece todas as ofensas, combate os males, os vícios, procura disciplinar sua atividades, alimentação, abandona os preconceitos, a falsidade, a hipocrisia e valoriza a gratidão.

Busca sempre, em primeira mão, fazer os outros felizes, esquecendo-se da própria felicidade, já que pratica a orientação de São Francisco de Assis, quando ele diz que "é amando que se é amado, que é dando que se recebe, que é perdoando que se é perdoado".

Madre Tereza de Calcutá dizia sempre: "Doe até doer".

Tópicos a serem alcançados: a) façamos aos outros o que queremos que os outros nos façam; b) ajudar, para sermos ajudados; c) desculpar os erros dos outros, para sermos desculpados; d) perdoar, com total esquecimento da ofensa, para sermos perdoados; e) antes de ofender alguém, faça a seguinte pergunta: o que sentiria se recebesse tal ofensa?

24ª pergunta – Qual o valor da oração?

Certa feita, os Apóstolos começaram com a grande preocupação em saber como Nosso Senhor Jesus Cristo passava longo tempo em oração ou até mesmo em diálogo com o Pai.

Preocupados, resolveram colocá-lo em vigília, de tal forma que, durante uma noite de sábado para domingo, vigiando de hora em hora cada apóstolo, chegaram à simples conclusão de que o Mestre passara a noite toda em oração, ou seja, em sintonia com Deus. Assustaram-se tanto que no domingo, pela manhã, sendo incapazes de fazer ou até mesmo de compreender a grandiosidade de Nosso Senhor, pediram-lhe: "Mestre, ensina-nos a orar".

Assim, temos para nós que a oração é o diálogo da criatura com o Criador, um momento muito íntimo e de vital importância em nossa existência.

Dialogar com o Pai pode parecer, para nós, apenas um monólogo, diante da distância que Deus se encontra de nós em razão da nossa inferioridade moral, de nossa imperfeição – distância esta colocada por nós por termos nos afastado de Seu amor e de Sua infinita bondade.

A oração abre caminhos de entendimento, favorece o nosso relacionamento com o Plano Maior, busca integração com o Plano Espiritual e coloca-nos em sintonia com a bondade do Senhor, que disse: "Pedi e obterás, buscai e achareis".

A oração é o maior lenitivo da alma e o melhor remédio do corpo físico, pois depende de nossa fé, ou seja, de nossa maneira de orar.

Peça ajuda ao Pai para o seu melhoramento íntimo e observará a ajuda imediatamente.

Conhecemos inúmeras pessoas que se curaram com o poder da oração.

Era madrugada e chovia torrencialmente. Neusa, uma pobre senhora, morando em um rancho sem nenhum conforto, com seu marido, que era cardíaco e não lhe podia prestar qualquer ajuda, já que nem mesmo tinha condições de se locomover, viu que sua filha, vítima de pleurisia, queimando em febre, já prostrada, não amanheceria com vida. Mandou os joelhos ao chão, colocou um copo d'água e pediu do fundo do coração que os médicos do espaço colocassem ali o remédio. Após a oração, ministrou o conteúdo do copo à filha, que dentro de poucos minutos ficou sem nenhum sinal de febre. Pergunto: "Qual o remédio capaz de realizar tamanho efeito em pouco tempo?".

25ª pergunta – Como funciona a Lei de Afinidade?

A Lei de Afinidade é que faz com que os iguais se atraiam. É o resultado da assimilação de fluidos, que funciona em todos os reinos da natureza.

Busque uma festa com milhares de pessoas e observará que tanto os pescadores quanto os políticos, os religiosos, os desportistas os dependentes químicos, reúnem-se em grupos.

No campo da eletricidade, observamos que um aparelho fabricado para operar na voltagem de 110v não pode ser ligado em 220v, pois entrará em pane.

Certa feita, observava uma cadela no cio seguida por uma dezena de cães. Todos que dela se aproximavam ou que lutavam por sua posse, ela não os aceitava. Numa esquina próxima, um cão solitário dela se aproximou e na maior tranquilidade, ocorreu o acasalamento.

Quem cuida dos zoológicos, mesmo sem conhecimento científico do comportamento animal, dá notícia de que os machos que tratam as fêmeas com carinho, de forma atenciosa, mesmo entre os animais mais violentos, tais como hienas, leões etc., têm maior êxito no acasalamento. Tal fato nos mostra que sendo a fêmea mais evoluída, embora pertencente a uma espécie feroz, já não aceita ser possuída com violência.

Com o ser humano acontece o mesmo fato. Não sabemos explicar porque não aceitamos e até mesmo não gostamos de uma pessoa à primeira vista. Isso significa que seus fluidos não combinam com os nossos.

A saudade pode ser conceituada como sendo a necessidade dos fluidos magnéticos da pessoa ausente que combinam com os nossos e nos faz bem. Tanto é verdade que quando vemos a pessoa amada, de quem sentimos saudade, há batimentos acelerados em nosso coração, resultado da liberação de adrenalina pelas suprarrenais e, na maioria das vezes a sensação de bem-estar é tamanha que vamos às lágrimas.

A Lei de Afinidade foi usada por Nosso Senhor Jesus Cristo, que assim se expressou: "Quem é minha mãe e quem são meus irmãos?", para dizer, em seguida: "É minha mãe e são meus irmãos aqueles que fazem a vontade de meu Pai, que está nos Céus". Estamos aqui diante da Lei de Sintonia ou de Afinidade, eis que Jesus faz a vontade do Pai, a caridade, o amor, a renúncia em favor de todos, desinteressadamente. Assim, todos os que são capazes de fazer o mesmo são irmãos e mãe de Jesus.

A Lei de Afinidade se encontra na natureza. É uma Lei Divina e como tal rege todos os seres vivos, inclusive os inanimados e os minerais. Portanto apenas espécies iguais, seja em que reino for, cruzar-se-ão. Mais uma prova de que o homem não é descendente de macaco. Conforme já foi dito, do cruzamento de macacos nascem macacos. É impossível, assim, o cruzamento de uma abelha com uma formiga, embora sejam insetos. Também o cavalo não cruza com a vaca, mesmo sendo mamíferos.

A Lei de Afinidade é muito mais profunda do que se pode pensar. Ela é o resultado da vontade de Deus, que assim programou todos os seres. Cada ser procura seu habitat para se encontrar com os afins – razão de nossa constituição familiar, de nossas raças.

Afinidade, sintonia e simpatia mostram-nos que, no nosso caso, os homens de bem, os suscetíveis de se melhorarem se procuram. Também pela sintonia, os inferiores moralmente procuram os viciosos.

Os bons procuram fazer o bem possível e ficam felizes com as alegrias vivenciadas em sintonia com os que pensam iguais a eles. Por essa razão, as pessoas religiosas, as que já têm certa evolução, não se sentem bem em ambientes impróprios, tais como boates, bares e outros antros de bebidas.

O mesmo acontece em sentido contrário, ou seja, os doentes da alma, os viciosos, os de baixa vibração, procuram os referidos ambientes e se sentem bem.

Torne-se gerente de uma grande locadora de filmes e passe a observar os usuários. Os bons, os de condição moral elevada, procuram filmes de grande valor moral, de ensinamentos, romances belos, obras instrutivas. Já os aventureiros, os que levam a vida com explosões de adrenalina, buscam filmes na mesma faixa. Os violentos procuram filmes de guerra, policiais. Os insensíveis buscam filmes na mesma condição e assim por diante.

26ª pergunta – Quais as diferenças entre a larva e a criança?

Quando falamos em larva estamos em sintonia com os insetos. Os estudiosos nos dizem que a larva tem seu desenvolvimento por processo de metamorfose, necessário ao seu crescimento, à sua proteção, portanto, fases da própria maturação.

Ao se afastar do ovo, penetra outro período de desenvolvimento, torna-se pupa e se prepara para a fase adulta, repousando em seu casulo. Assim, após o transcurso de todo o processo de metamorfose é que o inseto abandona o casulo e, apesar de todas as transformações, continua o indivíduo de ontem, apenas um pouco melhorado na sua condição, sem deixar de ser inseto, buscando, via instintos, ainda primitivos, iniciar a condição para o voo mais alto.

Na criança, o útero é apenas porta de abertura para uma nova oportunidade na escola da vida, ou seja, o lar, onde os pais são os primeiros professores. Assim sendo, primeiro dia de vida, primeiro dia de aula e assim sucessivamente, entrando em uma nova fase evolutiva, já que, mesmo sendo criança, sua cultura é cumulativa, trazida de vidas passadas, na condição humana.

A educação no lar ocorre até os sete anos, ou seja, somos pais educadores até os sete anos, fase em que começa a aflorar o que a criança traz de encarnações passadas, como os desvios de conduta, a sua condição evolutiva, os defeitos, tais como o ciúme, a inveja, o orgulho, o egoísmo, a cólera, a preguiça, o ódio, a revolta, a desobediência, enfim, os defeitos de ontem. O lar, sendo escola, a ele é reservado o período de sete anos para a necessária corrigenda dos defeitos e vícios da alma, entre eles a mentira. Os pais são educadores. Um tapa no traseiro, uma reprimenda e a colocação de limites são importantíssimos para a criatura que está em processo evolutivo permanente.

A seguir, a criança, por si só, satisfaz a vontade de sua evolução, ou seja, ela mesma pede seu alimento, utiliza o comando da mente e se enquadra dentro da conjuntura do lar, em sintonia com os pais, seus educadores, ajustando a condição física à condição espiritual.

A paternidade educação afunila-se aos sete anos. Após esse período a escola assume, pelos professores, com a colaboração dos pais na formação moral e cultural da criança que, assim, continuará seu aprimoramento com a ajuda dos pais, professores, da própria vida e da sua cultura cumulativa até a explosão dos hormônios, capacitando-a de encontro ao sexo oposto.

Na fase adulta, conforme já dito por diversas vezes, a criatura humana guarda a herança de milhões de estágios diferentes, desde o bacilo, nos reinos inferiores. Embora inclinada a viver quase que como os demais mamíferos, dada a sua condição de proximidade deles, eis que saiu dessa fase há pouco tempo, agora com domínio dos instintos, com o uso da razão e já conhecendo o amor e a caridade, frutos da evolução conquistada a duros golpes de sofrimentos.

Assim, somos responsáveis, na condição da paternidade a nós outorgada pelo Pai, e temos que prestar conta dela, ou seja, contas do que fizemos com os Seus filhos entregues a nós para a necessária educação, que deverá ser feita com exemplos, diálogos, imposição de limites, orientação para a vida, preparando-os, em princípio, como educadores de nós mesmos, pois o melhor dos professores prepara a sua aula como forma de aprendizado.

A larva, passando pelos seus estágios evolutivos, segue sua rota a caminho da maturidade e continua sua jornada, de compromisso em compromisso, melhorando-se, adaptando-se a uma nova oportunidade e buscando seu caminho para a hominalidade. A criança, por sua vez, de experiência em experiência, nascendo, crescendo, reproduzindo-se, vivendo na experiência cumulativa dos milênios, prepara-se para a morte, pela oportunidade do caixão, numa nova aurora para o Plano Espiritual, onde se prepara na expiação de suas faltas, buscando recursos espirituais para uma nova viagem à cápsula física e continuando sua marcha a caminho da luz, aperfeiçoando-se, a cada estágio, até adentrar a angelitude.

Agora se torna fácil explicar o significado da expressão de Nosso Senhor Jesus Cristo: "Aquele que estiver sem pecado, que atire a primeira pedra". Em outras palavras, somente não atiram pedras os puros – raríssimos na Terra. Aplicando-se essa recomendação do Mestre, apenas os missionários, pois eles já não atiram pedras, mas flores de amor, de caridade e de renúncia, já que estão em estágios de muita evolução moral, sendo a preocupação somente o bem.

27ª pergunta – Qual a necessidade da dor e da expiação?

Certa feita, junto de seu colégio apostolar, certo discípulo pergunta a Nosso Senhor Jesus Cristo: "Qual a necessidade de cegos, coxos e estropiados participarem das atividades religiosas pelo Mestre praticadas?".

Responde-lhe nosso Mestre: "Os grandes da Terra, os ricos, os poderosos, os triunfadores sempre pensam nas suas conquistas (quase sempre sanguinolentas), nos seus castelos, enfim nos produtos de suas riquezas e de suas conquistas, enquanto que os referidos pelo apóstolo são os que realmente sentiram o peso das dores, das mutilações físicas, mas que nada têm a oferecer a não ser o produto de seus sofrimentos, portanto, são os que se lembram de Deus".

O cão dócil e manso é aquele que mais sofreu fome, frio, abandono, doenças, dores, sofrimentos de toda ordem, morte. Nova reencarnação, na ninhada mais próxima de seu desencarne, a mesma trilha de sofrimentos. E assim, de tanto sofrer, de tantas dores, abandonos, torna-se manso e dócil, porque sabe ser a única postura para se tornar agradável e receber seu alimento.

Por outro lado, nós sofremos naquilo que fizemos os outros sofrerem, ou quando nós mesmos nos endividamos diante das leis divinas, desrespeitando-as. Morte prematura, excessos cometidos por não respeitarmos os limites da vida. Doença, resultado dos desequilíbrios, dos desrespeitos para a saúde ou excessos cometidos.

Não podemos transgredir impunemente as leis divinas em nós e em nossos semelhantes por constituir plantios e sempre colhemos na pauta dos plantios, sendo da Lei Divina a lei de ação e reação, ou causa e efeito, já que o plantio é aleatório e a colheita compulsória.

Egoístas hoje, solidão amanhã. Preguiça hoje, desemprego amanhã. Esposa destrambelhada, aquela companheira de ontem que lesamos seus mais puros sentimentos. Filho drogado hoje, abandono ontem à sua própria sorte. Não há acaso nas leis divinas. Não há bala perdida, conforme já foi dito. Não há verdugo e nem algoz por sorteio e não há inocência diante de qualquer sofrimento. A dor ou qualquer forma de sofrimento é sempre o resultado daquilo que fizemos sofrer.

Crime e castigo é o nome de um romance bastante conhecido na Terra, porém nas leis divinas não se pode falar em castigo, inferno, nada disso, mas no resultado de nosso plantio. Comete falta aquele que desvia, por um falso movimento da alma se distancia do objetivo da criação, que é atingir a perfeição e o modelo que nosso Pai celestial nos enviou, Jesus Cristo.

O castigo ou inferno nada mais é do que a consequência da queda, do desvio da rota que conduz à perfeição, pois céu e inferno são estados conscienciais. Diante do débito contraído, terá que se curvar sobre si mesmo e retornar ao caminho de sua libertação, ou seja, à reabilitação. Ninguém se diz feliz com peso na consciência e a consciência culpada se sente bem diante da reparação.

Certa feita, fomos procurados por uma senhora, seu marido e um filhinho. Ela, portadora de câncer nos dois seios, veio até nós não só para buscar a medicação fitoterápica, mas também para pedir um conselho diante do quadro de sofrimento de que era portadora. Sendo informada pela medicina da necessidade de extirpar os seios, via cirurgia, gostaria de nossa orientação. Respondemos que nunca contrariamos os médicos, pois eles são os verdadeiros sacerdotes da medicina na Terra e têm compromisso com Nosso Senhor Jesus Cristo.

Então ela nos perguntou: "Por que fui escolhida, com apenas 24 anos, para tamanho sofrimento? O senhor é capaz de nos dizer?". Recebemos, por parte de nosso Amigo Espiritual, via intuição, o seguinte: "A senhora, em outra encarnação, se apresentava em um antro, despida da cintura para cima, em danças sensuais, e chegando no Plano Espiritual sentiu que tudo estava errado e que o corpo feminino é um verdadeiro santuário de bênçãos, por ser fonte da vida. Foi a senhora quem escolheu a terrível doença para valorizar o aprendizado". Ela respondeu: "Acredito, sem qualquer dúvida alguma, mas que culpa tem meu filho e meu marido?". Foi quando recebemos a informação: "Senhora, seu marido e seu filho foram cúmplices da senhora. Um era dono da boate e o outro, seu empresário, assim sendo, a domicílio resgatam conjuntamente, vendo o seu sofrimento".

Assim têm sido as orientações recebidas. Uma senhora, portadora de um câncer que lhe corroía a laringe, a faringe, o esôfago e parte do estômago, diante da pergunta sobre o motivo de todos esses órgãos receberem a doença, teve a mesma resposta, ou seja, era resultado de uma causa anterior: como não poderia ser de outra forma, ela se suicidara na encarnação passada com forte dose de soda cáustica.

A expiação é sofrimento e ninguém sofre sem motivo, sem justa causa. Quanto maior o sofrimento, maior a culpa.

Se alguém é obrigado a viver com o outro, no casamento, na filiação ou na irmandade, em constante sofrimento, pode ter certeza de que o sofredor foi o gerador do sofrimento anterior e ele mesmo pediu a expiação em família, em união infeliz, porque foi o causador dele. Mas Deus permite a separação, deixando para outra oportunidade a quitação de débitos.

Na acústica de nossa alma soa a sentença de Nosso Senhor Jesus Cristo: "Ninguém irá ao Pai sem pagar centavo por centavo". Essa é a Lei Divina. Assim, se fizermos derramar uma só lágrima, temos que voltar atrás para enxugá-la, mesmo que seja à custa de muita dor e expiação, até o resgate total.

Pesquisando a Lei Divina diante de um assassinato e analisando-a em seu profundo significado, chegamos à meridiana conclusão de que são necessários, provavelmente, quase quinhentos anos para reparação até a última fração do débito. Em primeiro lugar, temos de conquistar o perdão do assassinado, de todos os seus familiares e das demais pessoas lesadas, para depois reparar a lesão, até o ponto do estado anterior ao crime.

Neftali, conhecido médium do Triângulo Mineiro, contou-nos o fato de que havia conhecido, na cidade de Araguari, havia muitos anos, um pistoleiro profissional, autor de diversas mortes, embora fosse seu amigo. Certa feita, com muita saudade do "Caveira", como vulgarmente conhecia o criminoso, com muita oração, conseguiu, via desdobramento, visitar o amigo, numa situação terrível, nas trevas. Ele nos disse que parecia tudo, menos ser humano; era uma coisa esquisita. Orou por muito tempo, rogando à Espiritualidade Maior que desse uma oportunidade para o amigo expiar e resgatar suas faltas.

Certo dia, algum tempo depois, alguém o procurou no trabalho (drogaria) para lhe dizer: "Seu Néfi, o senhor precisa ir comigo até lá na favela para ver o que nasceu". Acompanhando aquela pessoa, o Néfi dirige-se a casa onde aquela coisa tinha nascido. E, para espanto seu, tratava-se do "Caveira". Pouco tempo depois, não suportando a carga de seus débitos e, por conseguinte, de suas expiações, faleceu.

Numa tarde, uma jovem busca emprego na casa de Néfi, que concede, por decisão conjunta da esposa. Um ano depois, a jovem engravida. E é quando Néfi diz: "Agora é que precisamos cuidar dela". Após o parto, já em condições melhores, ela resolveu viver a vida em companhia de seu namorado, com quem teve mais de vinte partos, a maioria sobrevivendo. Portanto, quem tirou a vida deve devolvê-la com enorme sacrifício em suas próprias entranhas, dando à luz.

28ª pergunta – Qual a necessidade do livre-arbítrio?

A liberdade de ir e vir, de fazer ou não fazer, de ter ou não ter, de querer ou não querer é faculdade que recebemos de Deus quando da nossa criação humana, ocasião em que recebemos os presentes da criação da consciência, do livre-arbítrio, do uso da razão e do pensamento ininterrupto.

Levando-se em consideração que Deus poderia ter-nos criado perfeitos e não o fez por razões santificantes, pois nossa perfeição depende de nós mesmos, ou seja, de nossa vontade firme de alcançá-la como fruto de nossa intenção. Portanto caso a pessoa consiga a perfeição, é vitória dela e de ninguém mais, embora sendo produto do meio, recebendo e sofrendo influências das demais.

Mas só é possível alcançar a perfeição por meio da reencarnação, a mais perfeita fonte da Justiça Divina. Por si só, sem a utilização do livre-arbítrio, dificilmente se consegue.

A perfeição necessita da reforma íntima, do direcionamento da vida seguindo os exemplos de Nosso Senhor Jesus Cristo, fruto de centenas de reencarnações, tendo em vista nossa condição de quase animais ou de termos saído da animalidade há pouco tempo. Portanto o livre-arbítrio é fator fundamental para a nossa evolução moral e intelectual, já que ele é o direcionamento de nossa vida, de nossa vontade, e o alvo de nossas realizações. Para a construção de nosso destino, de nossa vida e, desse modo, de nossa felicidade, Deus legou-nos o livre-arbítrio.

Assim, o mérito das nossas ações nos pertence. Como já foi dito, Alva Edison, considerado o maior inventor de todos os tempos, o que mais registrou patentes de inventos na Terra, deve tudo isso ao seu livre-arbítrio. Aquela vontade determinada, aquela motivação para a criação de seus inventos, são frutos de seu livre-arbítrio.

Temos liberdade de direcionar nossa vida pela maneira que quisermos, o que se traduz em liberdade de conduzir nossa própria existência, sendo responsáveis por nossos atos. Tanto podemos praticar o bem quanto o mal, premiados no primeiro e aguentando as consequências advindas do segundo.

O bom uso que fazemos do livre-arbítrio dá-nos alegria, prazer, sucesso, tranquilidade e consciência em paz. O mau uso gera sofrimentos, consciência pesada e consequências desagradáveis para o futuro, inclusive nas reencarnações dolorosas.

Nosso livre-arbítrio está intimamente ligado à consciência que, por sua vez, liga-se ao nosso Anjo Guardião, e recebemos imediatamente o resultado da boa ou da má aplicação de nossa vontade.

Aconselhamos aos nossos amigos e às pessoas que nos interrogam que a melhor maneira de fazer um negócio ou dar uma resposta é dá-la no dia seguinte, pois assim resta-nos tempo de orar e de sermos orientados pelo nosso Amigo Espiritual, por meio do sonho, atividade do espírito, que terá condições, se tiver fé, de receber as orientações certas para a resposta exata. Assim, saberemos com inteligência, sem medo de errar, usar nosso livre-arbítrio.

Uma jovem noiva não tinha muita certeza de gostar do noivo e estava em dúvida se devia ou não se casar. A ela aconselhamos que à noite, sob a proteção do Evangelho, em preces, rogasse ao seu Anjo da Guarda a aconselhá-la qual a decisão a ser tomada. E não deu outra. Acordou com a certeza de que deveria romper o noivado.

Quando as pessoas nos procuram para orientá-las sobre o caminho a ser tomado diante de uma oferta de sociedade ou para um negócio importante, damos o mesmo conselho: submeta seu livre-arbítrio à vontade do seu Anjo Guardião, e todos os que assim o fazem são felizes e tudo dá certo.

Para o bom uso de nossa vontade devemos, antes de qualquer coisa, fazer uma preparação, refletir, orar, pedir a proteção do Alto, conservar a calma, para depois decidir.

Não somos tão evoluídos para saber utilizar, da melhor maneira possível, sem medo de errar e das consequências do erro, o nosso livre-arbítrio.

Para se ouvir a consciência é preciso estar em sintonia com os benfeitores do Plano Maior e, sem a oração, a fé, nada conseguirá.

O próprio Chico Xavier, certa vez preocupado diante de um problema sério, de difícil solução, pediu socorro à Celina, para que ela buscasse orientação junto à Mãe Santíssima. E, algum tempo depois, em seu humilde quarto de repouso, surge Celina para informar-lhe que a Mãe Santíssima mandara lhe dizer: "Tudo passa, até a felicidade!".

29ª pergunta – O que caracteriza uma pessoa evoluída?

A verdadeira pessoa boa é aquela que cumpre fielmente as leis divinas, ou seja, a Lei de Amor, de Justiça e de Caridade, observando-as com maior pureza. É quem sabe direcionar e usar o livre-arbítrio sempre para o bem, com total renúncia de si próprio; é o colecionador de virtudes. É quem indaga de sua consciência se fez todo o bem que dependia dele fazer, se evitou o mal.

Tem fé em Deus, é religioso, na expressão certa da religiosidade, usando-a com bom senso, indulgência e sem fanatismo.

Nunca pensa em recompensa, pois o bem, para ele, é sempre o alvo principal e atingi-lo é sucesso em sua existência.

Sua preocupação maior é sempre dar e não se preocupa em receber.

Perdoa, com total esquecimento da ofensa, e faz mais, procura orar e pedir aos céus uma boa oportunidade de pagar o mal com o bem, restabelecendo a ofensa recebida com o triunfo do dar-se.

Sua única preocupação é fazer o bem, é poder ser útil às pessoas. Nunca perde uma oportunidade de servir. Caso esteja fora de seu alcance e de suas possibilidades, busca socorro em quem pode ajudá-lo a servir.

Não faz distinção de raça, credo, partido político ou religiosidade, pois todos são irmãos para ele.

Tem por preocupação constante não magoar, não ferir, não prejudicar de qualquer forma a quem quer que seja e tomar a defesa do fraco contra o forte, sem humilhar este último, por considerá-lo doente.

Desconhece o ódio, a vingança, o ciúme, a vaidade, rancores, o orgulho e o egoísmo.

Usa sempre da indulgência, sendo capaz de ver somente qualidades em seus semelhantes e defeitos em si próprio.

Procura, todos os dias, observar suas faltas e falhas, e as trabalha no sentido de corrigi-las, combatendo-as.

Foge das armadilhas da vaidade, pois detesta elogio, não se envaidece de seus poderes e de seus bens, porque sabe que não são seus, sendo simples administrador dos bens que lhe são dados usufruir.

COSMOGÉNESE PLANETÁRIA – NOSSO RENASCER

Tem verdadeira preocupação pelos inferiores, principalmente para com os pobres, os oprimidos, todos aqueles que necessitam de ajuda, de socorro fraterno. Tem sempre uma palavra de otimismo, de bondade, e algum recurso material para diminuir o sofrimento alheio.

O mais importante no homem de bem é o respeito que tem por seus semelhantes, considerando-os como verdadeiros irmãos. Nunca é capaz de julgá-los, por temer aquela sentença do senhor: "Aquele que estiver sem pecado, que atire a primeira pedra".

Finalmente, o homem de bem sabe utilizar seu livre-arbítrio sem medo de errar, pois já alcançou um estágio de bondade que lhe dá a tranquilidade de seguir sua rota, evitando as tempestades da vida, até encontrar seu porto seguro.

30ª pergunta – O que faz o nosso Anjo de Guarda?

O Anjo de Guarda – espírito protetor – trata-se, como o próprio nome indica, de um indivíduo em particular, no caso um espírito, encarregado de nossa proteção, tendo evolução superior à nossa.

A sua missão, segundo o *Livro dos Espíritos*, de Allan Kardec, é de um pai para com seu filho amado, amando-o, protegendo-o, ajudando-o, facilitando sua vida e não o deixando cair em tentação.

Nosso protetor espiritual não interfere em nossa decisão, ou seja, em nosso livre-arbítrio. Apenas nos aconselha. É aquela vozinha íntima silenciosa, que fala em nível de consciência, que nos indica a rota sem perigo, e mesmo assim caímos.

Sua condição de proteção não nos priva do nosso discernimento. A vontade é sempre livre. Ele nos avisa, aconselha-nos, mas a decisão é sempre nossa, embora possa causar-lhe sofrimento, diante das nossas atitudes impensadas e contrárias à Lei Divina. Ele sente, sofre e não pode interferir, pois o livre-arbítrio é uma condição íntima de cada um e fonte da Lei Divina, criado por Deus e em nós colocado, quando do uso da razão, ou seja, de nossa criação.

O nosso bom anjo nos segue, mesmo depois do desencarne, e, muitas vezes, acompanha-nos na vida espiritual.

Muitas vezes, somos capazes de pagar um aval ou uma fiança a uma pessoa que não faz parte de nossa relação de intimidade, de parentesco, mas não dedicamos uma prece de gratidão a esse amigo superior. Há quantos anos sofre por nós, há quanto tempo tutela a nossa existência, velando pela nossa felicidade e zelando pela nossa vida futura! Quanto devemos a ele!

Basta tomarmos o caminho reto, promovermos a autorreforma, jogar fora o homem velho, egoísta, orgulhoso, vaidoso, sensualizado, que habita em nós, que na essência somos nós mesmos, e ele sente-se realizado, pois sua missão é nosso aprimoramento moral, nossa evolução.

Quando tomamos o caminho do crime, do erro ou nos desviamos da conduta moral, ele se afasta, triste, espera nosso sincero pedido de socorro, nosso arrependimento, e ei-lo de volta, como se nada tivesse acontecido.

Vale aqui registrar a lição de Kardec, em *O Livro dos Espíritos* (126ª edição, pág. 217): "Pensar que se tem sempre perto de si seres que vos são superiores, que estão sempre aí para vos aconselhar, vos sustentar, vos ajudar a escalar a áspera montanha do bem, que são os amigos mais seguros e mais devotados do que as mais íntimas ligações que se possa contrair sobre a Terra. Esses seres aí estão por ordem de Deus; Ele os colocou junto de vós e aí estão por amor, cumprindo uma bela, mas penosa missão.

Sim, onde estejais, ele estará convosco: as prisões, os hospitais, os lugares de devassidão, a solidão, nada vos separa desse amigo que não podeis ver, mas do qual vossa alma sente os mais doces estímulos e ouve os sábios conselhos".

E continua o ilustre mestre Kardec: "Deveríeis conhecer melhor esta verdade! Quantas vezes vos ajudariam nos momentos de crise; quantas vezes nos salvariam dos maus espíritos! Todavia, no grande dia, este anjo de bondade terá freqüentemente de vos dizer: 'Não te disse isto? E não o fizeste; não te mostrei o abismo? E aí te precipitaste; não te fiz ouvir na consciência a voz da verdade? E não seguiste os conselhos da mentira?' Ah! Interrogai vossos anjos guardiões. Estabelecei entre eles e vós essa ternura íntima que reina entre os melhores amigos. Não penseis em esconder-lhes nada, porque eles têm os olhos de Deus e não podeis enganá-los. Sonhai com o futuro. Procurai avançar nesta vida e vossas provas serão mais curtas, vossas existências mais felizes. Caminhai! Homens de coragem! Atirai para longe de vós, de uma vez por todas, preconceitos e ideias preconcebidas.

Entrai na nova estrada que se abre diante de vós. Marchai! Marchai! Tendes orientadores, segui-os. O objetivo não 'vos pode faltar, porque esse objetivo é Deus'".

Finalizando, cada Anjo Guardião tem seu protegido sobre o qual vela, como um pai vela sobre o filho; é feliz quando o vê no bom caminho e sofre quando seus conselhos são menosprezados.

31ª pergunta – Como são as diversas moradas, já que a nossa evolução não se prende somente na Terra?

Observai uma metrópole, com sua diversidade social, bairros riquíssimos, suntuosos, outros de classe média, de operários, favelas, barracos de intensa miséria.

A Via Láctea é um exemplo do incontável número de moradas apenas em nossa galáxia. Milhões de sóis, de estrelas, não estão no firmamento para embelezá-lo. Se Nosso Pai quisesse, o universo seria enfeitado com as mais belas flores, mas todo corpo celestial é uma morada, habitada por humanos, animais, vegetais, com os reinos perfeitamente delineados.

As moradas recebem humanos pela Lei de Mérito, conquista feita pela própria pessoa, na pauta do plantio. Aquele que promoveu sua reforma íntima, que amou muito, que renunciou à sua existência, colocando-a desinteressadamente em benefício da humanidade, recebe o prêmio de seu trabalho, plantando seu futuro em outra morada bem melhor que a nossa, livre, portanto, das vicissitudes da vida, das dores, das ingratidões, das gritantes diferenças sociais.

Para atender à Justiça Divina, as moradas foram divididas em mundos primitivos, de provas e expiações (um verdadeiro vale de lágrimas), mundos felizes, mundo de luz (onde vivem os que se aproximam de Deus) e mundos celestes (onde nossos irmãos veem Deus frente a frente).

Na mesma morada, no caso a nossa querida Terra, temos os planos físico e o extrafísico. No físico, vivem os encarnados e, no extrafísico, os desencarnados.

O plano físico é o campo de aprendizado, de lutas redentoras, de provas e expiações, portanto, o berço de evolução. O que se adquire no campo físico se aprimora no extrafísico, eis que um é continuação do outro, e este aperfeiçoa o primeiro.

Na reencarnação, multiplicamos as lições cumulativas e, portanto, as experiências, num processo somatório, daí surgindo o aprendizado, já que o nosso pensamento é ininterrupto. O aprendizado é infinito, bem como a inteligência, mas o aprimoramento da cultura cumulativa se dá após a morte do corpo, porta de entrada no outro plano.

Aqui se erra, endivida-se, sofre-se, faz-se os outros sofrerem; lá haverá a experiência da expiação dos atos negativos, a meditação e a vontade de reparar, e assim sucessivamente, até atingir a perfeição. A desencarnação nos indica a necessidade de eliminar de nós nossas imperfeições e nos mostra o motivo de nossa infelicidade e de não podermos habitar mundos superiores.

Não há necessidade de julgamento final, juízo final, pois quem nos criou simples e ignorantes sabe muito bem das nossas limitações e não vê sentido em julgar-nos. Nossa consciência está sempre apta, pronta para mostrar nossas falhas diante da Justiça Divina, ou seja, a condenação é sempre nossa, pois já ficou dito que céu e inferno são estados conscienciais.

Por sua vez, em todas as demais moradas em que há necessidade de reencarnação, ou seja, da veste física, haverá sempre o espaço extrafísico correspondente.

A mente forja o plasma criador em pensamentos ininterruptos, até mesmo após o desencarne – e aí com maior liberdade –, interligando a terra e o céu, e esses pensamentos imprimem as metamorfoses psicossomáticas que promovem no homem a necessidade de ser feliz, buscando-a por meio do aprimoramento de suas virtudes, elevando-se moralmente a caminho da luz, de sua própria luz, daí o viver em trevas ou na luz ser atributo do livre-arbítrio de cada um.

32ª pergunta – Semente, ovo, embrião, por que são estágios diferentes?

São estágios diferentes em razão da condição evolutiva de cada ser, tanto no reino vegetal quanto no animal, eis que cada ser terá sua rota traçada de acordo com a necessidade evolutiva a que aspira e, como é da Lei Divina a natureza não dar saltos e ser, pelo contrário, altamente disciplinada, segue-se que cada um terá que passar por estágios compatíveis com sua espécie.

A semente guarda, por menor que seja, toda a carga hereditária registrada no seu código genético, ou seja, no seu DNA. A perfeição é tamanha que há milênios o jucá, também conhecido pela sinonímia de pau-ferro, embora sendo uma árvore de grande porte, com mais de vinte metros de altura, cuja copa abriga uma área de mais de trinta metros de diâmetro, inicia sua jornada por sua mente, minúscula, menor que a cabeça de um alfinete.

E continuará, de semente em semente, guardando seu compromisso hereditário (DNA), até concluir seu compromisso na espécie. Cientista algum sabe desvendar o mistério da vida, nem conceituá-la. Conhece os processos botânico, genético, científico, de reprodução de cada espécie, mas sobre o motivo de tudo isso ninguém consegue dizer a última palavra.

Assim, todas as vezes que se plantar uma semente de jucá, uma árvore da referida espécie iniciará sua jornada e isso sucessivamente, até atingir o último estágio da mesma espécie. Ninguém sabe precisar quando termina esse elo e se inicia outro, pois tudo está sob os segredos do Criador e nós não temos a necessária evolução e nem temos preparo para alcançar a mente Divina.

O papel da semente é perpetuar a espécie de que se faz portadora. Encontrando condições próprias germina, produz frutos, novas sementes, seguindo assim até o completo compromisso na espécie, guardando, por menor que seja, toda a informação genética para a referida perpetuação.

O ovo, com toda a sua simplicidade, é resultado da célula-mãe, pronta para dar continuidade à espécie acrisolada em sua simplicidade. Ali, já ocorreu o trabalho da célula sexual masculina, o espermatozoide, que penetrou a célula sexual feminina, o óvulo, dando origem ao ovo.

Hoje, simples ovo, amanhã belíssima ave. Mas nada ocorre sem o concurso da mãe, que aquece o ovo maternalmente ou por processo térmico apropriado, para liberar os princípios que ele traz, próprios para que a sua espécie continue. Ovo ou semente, ambos são protagonistas de uma história de profundo significado, a história da vida, sendo eles apenas o capítulo inicial.

O embrião, ontem semente, hoje ovo, segue a sua tarefa no mundo animal ou entre os seres humanos, na sublime missão de dar continuidade ao processo evolutivo. A matriz uterina desempenha papel de fundamental importância, não só como berço, mas também na oferta de novas formas, abastecendo e nutrindo, com seu organismo materno, que se refaz na nova experiência a que se submete, para uma nova jornada de aprendizado e de crescimento, evoluindo depois do berço, para persistir no plano extrafísico, e pelo renascimento e internação espiritual na cápsula física segue seu roteiro a caminho da luz.

Com sua carga hereditária, registrada em seu DNA, desperta o embrião na condição de criança, para um novo aprendizado, com sua cultura cumulativa pelo pretérito, e continua a sua evolução passando pelos mesmos degraus de ontem, já melhorada pelas experiências da dor, do sofrimento, do aprimoramento, da inteligência, no uso constante da razão, sempre caminhando, caindo, levantando, seguindo a rota, até que um dia, por si só, resolva fazer sua reforma íntima e se prepara para jornadas de esplendores celestiais.

O embrião, no reino animal, com seu instinto-inteligência ou princípio básico da inteligência, e cultura própria, tanto na preservação quanto na multiplicação da espécie que representa, segue sua jornada no compromisso com sua gente. O animal prepara sua jornada, nascendo, crescendo, reproduzindo-se e vivendo até a morte, guardando sempre a cultura própria, melhorando-a por esforço próprio, utilizando seu instinto melhorado para favorecer a própria existência, mas condicionado a crescer sempre e nunca parar, por ser da essência Divina a evolução.

O embrião é o mais evoluído dos três, mesmo em animal primitivo, eis que atravessou os reinos vegetal e mineral por bilhões de anos e se prepara para, um dia, no uso da razão, tornar-se um embrião humano.

33ª pergunta – A nossa religiosidade é espontânea?

Passamos por estágios próprios de nossa condição evolutiva, o que vale dizer que nos estágios inferiores, quando da idade da pedra lascada, da caverna, não tínhamos condições e nem conhecimento para aceitar a ideia de um Pai criador de tudo.

Substituíamos essa crença por muitas divindades, baseando-as nos fenômenos da própria natureza e nas atividades laborais, nos festejos, nas reuniões grupais e assim por diante.

Assim, de estágio em estágio, fomos diminuindo a crença politeísta, substituindo-a pela idolatria por imagens, em substituição ao santo, que, inclusive, perdura até os dias de hoje, resultado de nossa falta de fé ou de nossa crença na filosofia de São Tomé, de ver para crer.

O monoteísmo, ou seja, a crença na existência de Deus, teve início com o povo hebreu, por volta de mais de três mil e quinhentos anos atrás. A bem da verdade, era o único povo que acreditava na existência de um Deus único.

Os hebreus, levados por Moisés, buscando a terra prometida, difundiram a ideia monoteísta, que se espalhou por toda Palestina e Judeia, e vagaram por muitos anos até a criação do Estado de Israel.

Nos seguidores de Moisés, a partir dele, a religiosidade passou a ser espontânea. Praticamente, já nasciam ou reencarnavam com a ideia da existência de Deus.

Com o advento da era cristã, o Cristianismo atravessou fronteiras, via povos ocidentais. Na Europa e nas Américas, colonizadas pelos europeus, a espontaneidade se tornou forma de conduta dos referidos povos. Embora existam diversos tipos de religiões – mesmo que cada religião queira estar de posse da verdade, com seus artigos de fé, manipulando-os de acordo com suas conveniências – em todas elas a fé é espontânea e nasce com a própria pessoa, bem como sua religiosidade.

Explica-se essa conduta pelo simples fato de cada pessoa estar num grau de evolução, logo, seu entendimento, sua inteligência, sua compreensão, são proporcionais à evolução que alcançou. Amanhã, duvidando ou até mesmo não aceitando a palavra do pastor, do sacerdote ou do dirigente religioso, ele muda de religião, até encontrar aquela que mais satisfaça a sua condição de entendimento. Portanto o melhor conselho que damos é que religião não se discute, ainda mais porque não acreditamos que a religião A seja melhor que B etc.

Independentemente da evolução de cada um ou da religião por ele aceita, a situação de religiosidade é sempre espontânea, pois, mesmo forçada a seguir uma determinada religião, a pessoa ali permanecerá até quando não suportar mais os ensinamentos ministrados por ela. Houve uma evolução, espontânea, que busca a pessoa para seguir sua rota a caminho do conhecimento mais profundo da religião, segundo a motivação ou aptidão do crente.

A fé não se prescreve e as pessoas dizem que não são culpadas por não terem fé. Além disso, a fé não deve ser imposta, devendo ser um sentimento nato, espontâneo. Ninguém está privado de possuí-la e não percebemos quando ela surge em nós, pois estamos sujeitos a recebê-la e entendê-la com espontaneidade. Toda pessoa que procura a fé a encontrará. Muitas pessoas se acomodam temerosas de mudar sua condição de vida, seu comodismo, enfim, seu egoísmo, dificultando para si a sua religiosidade.

Não é fácil mudar o comportamento de uma hora para outra, daí a necessidade de uma dor ou de uma doença grave. Portanto o lema é sempre este: "Quem não vem por amor virá pela dor".

34ª pergunta – Por que devemos orar?

A oração é o diálogo da criatura com o Criador, abrindo canal de entendimento, de socorro e de orientação para uma determinada atitude a ser tomada, para um caminho a ser seguido.

A oração sincera é porta da fé que se abre e produz efeitos de profundo significado para a vida. Diz um ditado popular: "A fé faz bem ao coração".

Sem dúvida alguma! Basta atentar para a longevidade dos religiosos, já que estão sempre em comunhão com Deus pela prece e pela própria fé.

Ainda não temos evolução para entender o significado exato da oração. Mesmo sabendo que ela é o caminho que nos leva a Deus, temos dificuldade de encontrar o caminho ou, às vezes, perdemo-nos na estrada, por outros caminhos e outras paixões.

O próprio Nosso Senhor Jesus Cristo atravessava a noite toda em comunhão com o Pai Celestial a ponto de seus apóstolos lhe pedirem: "Mestre, ensina-nos a orar". Ele, mais do que ninguém, sabe o valor da oração, do diálogo com Deus.

Os grandes missionários nunca tomavam uma decisão que não fosse à luz da oração e do entendimento com o Plano Espiritual.

Joana de Chantal dizia: "Ore tão perto de Jesus que nem seu anjo de guarda possa ouvi-lo". Aqui ela manda buscarmos, pela intimidade da oração, a aproximação necessária ao nosso Mestre.

Chico Xavier sempre nos pedia que orássemos muito, no mínimo meia hora por dia, sob as bênçãos do Evangelho, e que nunca tomássemos qualquer decisão sem a orientação Divina, obtida por intermédio da prece.

A prece alivia, orienta, acalma, faz bem ao coração (está provado que os religiosos vivem muito); ela cura, traz alegria, entendimento, melhora suas condições na vida social, no trabalho, harmoniza o lar, afasta os perigos da vida numa viagem e no negócio. Em tudo, ore e terás o prêmio da oração.

35ª pergunta – Para a nossa evolução, qual tipo de morte é mais aconselhável, a morte rápida ou a que é precedida de longa enfermidade?

Antes de qualquer coisa, cabe aqui analisarmos a condição espiritual de cada um, pois a regra não é geral, cada caso é um caso particular e, assim sendo, merece, também, um estudo e uma resposta condizente com a pergunta.

Nos missionários – pessoas que já alcançaram elevada condição moral e intelectual e que apenas vieram para exemplificar a conduta, para mostrar como se vive, como se perdoa, que nada devem –, a morte nada significa e nem proveito algum traz a eles, porque estão prontos, a consciência deles está tranquila, são credores diante da Justiça Divina, ou seja, têm mérito suficiente para se desligarem do corpo físico a qualquer momento, sem qualquer temor da morte, pois seu significado exato é o desencarne, a exemplo de quem abandona uma veste inútil. Eles, a exemplo de Chico Xavier e outros, desligam-se com facilidade total, como um simples sopro; eles são interexistentes, vivem dois lados, físico e extrafísico, ao mesmo tempo.

Presenciamos tais fatos junto de nosso querido apóstolo de todos os milênios, Chico Xavier, que se distraía, ao dizer a uma pessoa: "Estivemos juntos em tal lugar". A pessoa ficava cabreira e olhava o humilde servo de Jesus sem entender nada; é que ela estivera junto dele em desdobramento espiritual, nada mais do que isso.

As demais pessoas, de evolução medianeira, com muitos débitos no passado e na própria reencarnação, por estarem nessa condição não merecem o desligamento simples, sem sofrimento, ou, muitas vezes, pedem longo sofrimento numa cama ou leito de hospital para o resgate, para o burilamento. Ou até mesmo a Espiritualidade Maior concede a bênção de muito sofrimento aqui na Terra, por ter mérito de começar desde já o processo de reforma íntima, para, na solidão do quarto ou leito de hospital, com sofrimento físico, poder analisar ainda aqui, nas vestes físicas, seus débitos e necessidade de perdoar ou de pedir perdão pelas faltas cometidas.

Há casos de morte compulsória, de desligamento rápido, para evitar quedas maiores e futuros sofrimentos. Aqui estão incluídas as vítimas de enfarte, parada cardíaca e outras mortes súbitas. Mas o coração humano é terra desconhecida. No caso de mortes que julgamos precoces, como as de jovens, o Plano Maior sabe de tudo e os recolhe.

A mente revisa, nos momentos da morte, todas as experiências em forma de débitos e de sofrimentos causados aos seus semelhantes, já imprimindo, pela própria mente, no corpo espiritual, os referidos débitos. Inclusive, os devedores que partem por morte súbita, chegam cegos no Plano Espiritual, com profundas dores morais, em processo de expiação e com a sensação de desapontamento, de frustração e de tristeza por ter perdido uma excelente oportunidade de refazer a vida, a conduta e de iniciar a reforma íntima. E, aí, no quadro de sofrimento, diante da impossibilidade de se candidatarem ao reino de felicidade, em processo de dolorosa expiação, iniciam o arrependimento, preparando-se para conseguir uma nova oportunidade para o refazimento perdido, subordinando-se às diretrizes para um novo ciclo evolutivo, para o qual necessitam longo aprendizado e treinamento, pois a escola da carne tem poucas vagas.

Assim, para os endividados e os falidos moralmente, a melhor situação é a do sofredor de longa enfermidade, guardada no silêncio dos hospitais ou na cama redentora de nosso lar, para, em silêncio, repassar pela tela mental todos os débitos, as lágrimas que fizemos nossos semelhantes derramar e a necessidade do refazimento. Portanto é bem melhor iniciar o pagamento das dívidas, aprender a perdoar desde aqui e agora, do que ter que voltar a uma condição bem pior, ou será que favela e miséria não são de ordem Divina? Já estudamos na presente obra que todos os débitos são quitados, que não há injustiça nas leis Divinas.

Muitas pessoas que escaparam ilesas de suicídios, acidentes, mortes declaradas, como em hospitais, relatam o fenômeno da revisão das referidas falhas, débitos, que nada mais são do que uma síntese mental, ou seja, do registro de tudo que aconteceu na romagem terrena que estamos deixando no plano físico.

Toda vez que descuidamos do patrimônio do corpo, abusando e afrontando os perigos da vida e chegamos à morte, essa morte não vem de Deus. Tudo o que vem de Deus vem dosado com muito amor e misericórdia acima de tudo. Daí o ditado: "Morreu como viveu".

Antevendo os efeitos nocivos de seus próprios erros, verá a necessidade imperiosa de repará-los, pois estará sempre diante da lei de causa e efeito, plantio e colheita, ação e reação, encontrando dentro da própria consciência os reflexos da conduta enobrecedora que liberta ou deprime, aprisiona o ser em si mesmo.

André Luiz, via Chico Xavier, na obra *Evolução em dois mundos*, dá-nos o retrato da consciência culpada após o desencarne, assim registrando: "Quando dilacerado e desditoso, grita a própria filiação, ao longo dos largos continentes do espaço cósmico, reunindo-se a outros culpados do mesmo jaez, com os quais permuta os quadros inquietantes da imaginação em desvario, tecendo, com o plasma sutil do pensamento contínuo e atormentado, as telas infernais em que as conseqüências de suas faltas se desenvolvem, mediante as profundas e estranhas fecundações de loucura e sofrimento que antecedem as reencarnações reparadoras; contudo, é também aí que começa, sobre pairando o inferno e o purgatório do remorso da crueldade, da rebelião e da delinqüência, o sublime apostolado dos seres que se colocam em harmonia com as leis divinas, almas elevadas e heróicas que, em se agrupando intimamente, tocadas de compaixão pelos laços que deixaram no mundo físico, iniciam, com a inspiração das potências angélicas, o serviço de abnegação e renúncia, com que a glória e a divindade do amor edificam o império do sumo bem, no chamado céu, de onde vertem mais ampla luz sobre a noite dos homens".

O homem não está sentenciado ao pó da terra. A informação "tu és pó e ao pó tu retornarás" trata-se de um recado de conduta, para não valorizarmos mais o corpo que o espírito, pois esse é imortal, obra para a eternidade, e que da imobilidade do sepulcro se reerguerá para o movimento triunfante, transpondo consigo o céu ou o inferno, estados conscienciais, que plasmou em si mesmo.

SINOPSE DA OBRA

No mineral, a energia inicia sua jornada, não importa o nome que tenha, mas que é uma criação Divina para, na planta, dormitar, no animal, sonhar e acordar no homem.

Elementos como o netuno, o plutônio, o amerício, o cúrio e outros, mesmo produzidos artificialmente, bem como a clonagem, a célula tronco, os transplantes, os transgênicos, são concessões Divinas em razão de nossa evolução permitir a continuação do trabalho de Nosso Pai, que tem outros propósitos para o nosso adiantamento moral, facilitando a nossa vida na Terra. Mas como já foi dito na presente obra, o ser humano nada cria sem a permissão Divina.

Vimos que no mineral há agregação de energia e que existe apenas um elemento, o primitivo, que se energiza e segue sua rota; evoluindo, muda de estágio e, de estágio em estágio, passa por aquilo que chamamos de outros elementos, tais como sílica, ferro, ouro, prata etc. Daí, a diferença entre o grão de areia e o diamante, embora, na essência, seja um só elemento. É no seu processo de energização que se inicia a história da vida e da própria evolução que nunca mais é interrompida, por ser da Lei Divina, orientada pelo nosso Pai.

No reino vegetal, a clorofila decifra os segredos da fotossíntese, realizando, pela luz solar, a síntese dos hidratos de carbono com que o vegetal se nutre e, nesse processo, além de alimentar-se, exterioriza os gases essenciais, equilibrando a atmosfera.

Por sua vez, como acontece em tudo na natureza, a lei evolutiva impera sua ordem de progresso, passando por estágios necessários ao compromisso de cada espécie. Por mais inútil que pareça, toda planta tem seu valor, em seu habitat. Há uma ordem hierárquica de valores a ser obedecida, razão da existência de milhares de espécies, cada uma cumprindo sua missão, seu compromisso. É fácil agora compreender a razão da existência da diversidade de plantas: umas, abortivas, letais, que causticam, e outras saudáveis, curativas, alimentares, frutas, verduras necessárias à manutenção dos animais, no compromisso que cada uma realiza no contexto vegetal.

Ninguém evolui sem a correspondente colaboração de outro, em todas as etapas de evolução. E não contrariando a Lei Divina, temos a simbiose entre o cogumelo e alga, em que os ligamentos do cogumelo penetram as células das algas, buscando, via sucção, o alimento, em forma de matéria orgânica, elaborada pela alga, via síntese clorofiliana por ela realizada. Há permuta de beneficência ou mútua ajuda, como podemos ver no caso do cogumelo que necessita de seu alimento produzido pela alga e esta, por sua vez, além de sentir-se protegida ao receber dele água composta de minerais, hidrata-se e nutre-se.

O mesmo ocorre entre vegetais mais desenvolvidos, como no caso da soja com as bactérias aglomeradas em sua raiz, em forma de nodosidade para a assimilação de azoto atmosférico. As bactérias favorecem o desenvolvimento da planta, via assimilação do nitrogênio, aumentando a produção de grãos e, por sua vez, há o processo de nutrição das bactérias na agregação animal-vegetal.

A bactéria, aquele ser microscópico, inicia sua caminhada nos processos da quimiossíntese, valendo-se, aqui, da energia haurida na ocorrência da oxidação dos minerais.

O protozoário, por sua vez, como acontece com todos os seres, por minúsculos ou insignificantes que sejam diante do Universo, necessitam associar-se a outros, formando colônias e seguindo sua marcha evolutiva.

No mundo animal, a bactéria é apenas o começo da caminhada que, conforme ficou registrada na presente obra, terá que atravessar um período que perdurará um bilhão e quinhentos milhões de anos, em processo constante de evolução, ininterruptamente.

Nos animais, a biossíntese encarrega-se da própria existência por todas as etapas da vida física, nos inumeráveis períodos de experiências. Eles se consagram em espécies diferentes, embora com a mesma origem, em um grau de adiantamento maior, com elos nos períodos predecedentes. Mesmo que a espécie tenha terminado seu compromisso evolutivo, ela guarda da anterior os elos imprescindíveis à continuação de sua marcha ascendente, sendo apenas uma espécie melhorada.

A célula é portadora do DNA, com milhares de informações genéticas (genes), com retículo nucleoplasmático, mitocôndrias, ribossomos, aparelho de golgi, núcleo, citoplasma e retículo endoplasmático (re) (localizando-se este fora do núcleo e dentro do citoplasma).

Para se ter uma ideia da complexidade celular, basta atentar para o seguinte exemplo: o órgão responsável pelos veículos do país necessita apenas de três letras e quatro números para controlar quase sessenta milhões de veículos automotores. Pois bem, nossa célula, além dos elementos citados, possui de vinte a trinta mil genes, e nosso organismo, por sua vez, é composto de trilhões de células, não se esquecendo de que o genoma humano tem três bilhões de pares de bases. Isso leva a crer que até agora utilizamos um percentual de pouco mais de 10% de nossa capacidade e chegamos, com facilidade, à conclusão de que a inteligência humana e o amor são infinitos, pois se multiplicarmos o número de genes pelas informações de que são portadores, verificaremos que tudo leva ao infinito. Nosso amor e nossa inteligência são infinitos. Foi por isso que Nosso Senhor Jesus Cristo disse: "Sois deuses".

Os cientistas acreditam, a exemplo de Ilyaa Prigogine, Prêmio Nobel de Química, que existem, no mundo físico, dois tipos básicos de estrutura. O primeiro tipo é a estrutura de equilíbrio, como o arranjo molecular de cristais, que pode persistir como sistema isolado. O outro tipo de estrutura é a dissipativa, que existe apenas em conexão com o ambiente – como padrões de convecção que se formam num líquido e desaparecem assim que a fonte de calor é retirada (*Entre o tempo e a eternidade*, ed. Cia. das Letras; *Fim das certezas* e *As leis do caos*, ed. Unesp).

Não temos e nem pretendemos ter autoridade científica para criticar o pensamento do ilustre cientista, mas discordamos de sua teoria, pois nada é imutável, por ser da essência Divina a evolução permanente em tudo e em todos. Valendo a teoria supra, os cristais seriam *in aeternum* cristais, que, como o grão de areia e os demais minerais que consideramos insignificantes, perpetuariam sua insignificância e a teoria da evolução permanente cairia por terra. Embora, momentaneamente, haja uma explicação razoável para o estudo do referido cientista, ou seja, que no momento da cristalização ele tem o referido comportamento, esta obra visa ao caminho da luz, da perfeição, e não de estágios.

Um dia ou um momento, quando cumprir seu compromisso naquela condição, dali sairá, para continuar seu crescimento, até passar por todos os elementos, bem como pelos campos vegetal, animal e hominal, até atingir a angelitude.

A natureza é sábia, perfeita, organizada e disciplinada, segundo regras da lei Divina.

Tudo obedece à disciplina universal. Tanto é assim que nossa Terra está em sua órbita há mais de 4,5 bilhões de anos, buscando, ela própria, sua perfeição, acomodando-se, mesmo que à custa de terremotos, maremotos, tufões, furacões e vulcões, até atingir sua destinação ou seu compromisso, mesmo que seja daqui a milênios.

A revista *National Geographic*, em sua edição de julho de 2007, trouxe-nos uma bela reportagem do comportamento de acasalamento dos pássaros da Nova Guiné, mostrando-nos que cada espécie possui um ritual próprio.

A mídia, de maneira geral, sempre noticia comportamentos e atitudes novas de símios, mas tais atitudes são sempre características da própria espécie, cultura própria, conforme já ficou registrado na presente obra.

Antes de receber o uso da razão, o animal atravessa longo período de evolução e crescimento em todos os sentidos, nascendo, crescendo, reproduzindo-se e morrendo. Segue seu caminho dentro de sua própria cultura, sempre melhorando, embora tudo leve a crer que não seja perceptível a evolução. Mas como explicar que o leão, após saciar sua fome, abandona grande parte do animal abatido em favor de outras espécies? E que estando alimentado é sociável com outros animais e somente ataca quando está faminto? Portanto ele também tem sua evolução, pois já passou por outros estágios.

Mas alguém poderia dizer: "Ora, se a cultura é própria de cada espécie, então não haveria evolução, pois as espécies sempre permanecem a mesma!". Não é bem assim. É que nenhum cientista, filósofo, mesmo missionário, é capaz de informar quando um animal termina seu compromisso evolutivo com a espécie a que pertence para adentrar outra espécie e continuar sua romagem, de espécie em espécie, no aprendizado constante, via instintos, início da inteligência e da razão.

Voltemos ao exemplo do leão. As demais espécies assim também o fazem, exceção a animais primitivos, capazes de esconder seu alimento. Assim, por analogia, vamos observando a natureza e ela responde às nossas indagações.

Observamos que a morte de um animal violenta a nossa visão e, às vezes não suportamos o ato, tamanha crueldade no abate, na tristeza do abatido, na rudeza do golpe. Temos sentimento de indulgência para com o animal sacrificado. Mas o importante é saber que apenas sua vestimenta será abatida, que a alma rudimentar estará pronta para o reencarne, na próxima ninhada por perto, em condição melhorada no seu instinto de preservação e, aos poucos, de tanto morrer e nascer, ela adquire condições de se libertar daquela espécie, mediante término de compromisso.

Chegamos na mentossíntese. O animal atravessou bilênio e meio de evolução, suportou tudo, conforme retratamos, cumpriu compromissos com as espécies que lhe foram próprias na sua marcha e está a caminho do preparo para receber o uso da razão ou da inteligência e adentrar à hominalidade.

Nas palavras de André Luiz (em *Evolução em dois mundos*, 1983): "Erguido, porém, à geração do pensamento ininterrupto, altera-se-lhe, na individualidade, o modo particular de ser. O princípio inteligente inicia-se, desde então, nas operações que classificaremos como sendo da mentossíntese, porque baseadas na troca de fluidos mentais multiformes, através dos quais emite as próprias ideias e radiações, assimilando as radiações e idéias alheias. O impulso que lhe surgia na mente embrionária, por interesse acidental de posse, ante a necessidade de alimento esporádico, é agora desejo consciente. E, sobretudo, o anseio genésico instintivo que se lhe sobrepunha à vida normal em períodos certos, converteu-se em atração afetiva constante. Aparece, assim, a sede de satisfação invariável como estímulo à experiência e prefigura-se-lhe n'alma a excelsitude do amor encravado no egoísmo, como o diamante em formação no carbono obscuro. A liberação da vesta densa impõe-lhe novas condições vibratórias, como que obrigando-o à ocultação temporária entre os seus para que se lhe revitalizem as experiências, qual ocorre à planta necessitada de poda para exaltar-se em renovação do próprio valor. Épocas numerosas são empregadas para que o homem senhoreie o corpo espiritual, nos círculos da consciência mais ampla, porque, como deve compreender por si o caminho em que se conduzirá para a glória Divina, cabe-lhe também debitar a si mesmo os bens e os males e as alegrias e as dores da caminhada".

Pronto se encontra o ser humano após a bilionária temporal e permanente evolução, fitando o céu, dormindo ao relento, acordando, dormindo e seguindo a rota, no círculo das coisas terrestres, até que o pensamento se separa das formas mutáveis e abarca a extensão dos tempos, vê o passado e o futuro se juntarem, fremirem e viverem o presente. O canto de glória, o hino da vida infinita enche os espaços, sobe do âmago das ruínas e dos túmulos. Sobre os destroços das civilizações extintas rebentam florescências novas. Efetua-se a união entre as duas humanidades, visível e invisível, entre aqueles que povoam a Terra e os que percorrem o espaço. As suas vozes chamam, respondem umas às outras e esses rumores, esses murmúrios, ainda vagos e confusos para muitos, tornam-se para nós a mensagem, a palavra vibrante que afirma a comunhão de amor universal.

Temos em nós os instintos da alimária mais ou menos comprimidos pelo trabalho longo e pelas provas das existências passadas, e temos também a crisálida do anjo, do ser radioso e puro, que podemos vir a ser pela impulsão moral, pelas aspirações do coração e pelo sacrifício constante do "eu". Tocamos com os pés as profundezas sombrias do abismo e com a fronte as alturas fulgurantes do céu, o império glorioso dos espíritos.

Palavras de Léon Denis (em *O grande enigma, 1983*): "Ontem, areia, cascalho, outros valores agregaram ao caminho energético traçado pelo Pai, ofuscaram a pobreza com seu brilho nas condições do ouro, das pedras preciosas, mas cumpriram seus compromissos na energia que despenderam, seguem sempre o caminho do crescimento, da evolução que a cada um é peculiar, compromisso próprio e da vontade do Pai até o término de sua viagem no reino mineral, sempre de estágio em estágio, até a conclusão de seu trabalho".

No campo vegetal, o mesmo ser, um pouco melhorado, continua sua rota ou peregrinação, passando por todas as espécies, no aprendizado de cada uma, guardando esse aprendizado como cultura que lhe é própria, concluindo com a mudança para outro estágio, mas guardando elos com os estágios anteriores, de degrau em degrau, a exemplo de uma escada, mas sempre em crescimento vertical à fonte suprema de tudo, que é Deus, ora como vegetal insignificante, ora como letal, abortivo, cáustico, tóxico, cumprindo seu pacto com a espécie. A seguir, já melhorado, começa seu trabalho na ajuda, no socorro, na cura, porque obteve essa condição via milênios de aprendizado.

Evoluído e crescido, o ser deixa o caminho vegetal, penetra o mundo animal, numa viagem multimilenar, desde o protozoário até o mamífero mais completo, deste ao mais domesticado.

Longo período de aprendizado ocorreu. Mas houve necessidade de adaptação animal para a preparação do homem, na integração instinto-mente-corpo, com seu peculiar aprendizado nos valores da encefalização para o desenvolvimento do sistema nervoso.

A descorticação, no caso dos batráquios e até mesmo nos peixes, não gera empecilhos nem nos reflexos nem na motilidade, já que a movimentação deles é livre. Já nas aves, ocorre limitação ou modificações, pois conseguem apenas o voo na luminosidade, impotentes na escuridão.

Promovendo o mesmo processo nos cães, vamos observar que a remoção do córtex guarda, segundo estudos científicos, reflexos por determinado período, após o qual não há interesse à ação ou, então, surge ele em movimento exagerado, impróprio à sua condição normal; não se defende, a não ser atacado e, na busca de alimento, só o faz mediante certos estímulos. Assim, o referido processo nos mostra a evolução já aquinhoada pelo córtex, demonstrando que ele volta ao estágio anterior.

Outros estudos científicos têm demonstrado que no macaco a situação não é a mesma. Com a descorticação dele, em razão de sua encefalização mais completa, principalmente nos chimpanzés, não sobrevivem por mais tempo após a referida retirada parcial ou total do córtex e, quando a amputação cortical é parcial, apresentam o mesmo que ocorre com os humanos: modificações comprometedoras. Daí a sensação de continuarmos sentindo a presença do membro amputado.

Os chimpanzés e os gorilas, como vimos, apenas emprestaram a vestimenta física, sua roupagem, para a chegada do homem na Terra. Como se encontravam disseminados pela face dela, quase que uniformemente, foi fácil compreender a chegada também proliferada do ser humano em diversos pontos, na primeira viagem via corpo emprestado, cuja multiplicação, a partir daí, ocorreu pela reprodução normal entre os humanos.

O "homem de Herto", com 160.000 anos, encontrado em Herto, na Etiópia, África, pelo paleontólogo Tim d'White e sua equipe, da Universidade da Califórnia, em Berkeley, e analisado por cientistas de quatorze países, é apenas mais um atestado de que o homem está na Terra a cerca de 150.000 anos, apenas isso. Mesmo com o DNA quase humano e com condição encefálica próxima à hominalidade, o chimpanzé continua sendo chimpanzé, na sua cultura própria, limitada à sua espécie, nada mais do que isso.

No ser humano há ligação do córtex com a consciência, por se tratar de ligação energética, para os serviços dos sentidos, nossos automatismos, portadores do tálamo e hipotálamo, com irradiação ao mesencéfalo. A consciência agora tem a palavra para os serviços que lhe são próprios, em todos os campos sensoriais, com a meditação, o uso ininterrupto do pensamento e, por acréscimo, as virtudes morais. Agora, o centro coronário está ligado em sincronia ao centro cerebral, na geração de nossa forma mental, para que o tribunal de nossa consciência capacite-se para dizer o que é certo e errado no uso de nosso livre-arbítrio, atributo legado pelo Pai ao nosso desenvolvimento voluntário a caminho da angelitude.

Agora se torna fácil saber que qualquer lesão que causarmos em nós e em nosso semelhante deverá ser reparada por nós mesmos, já que temos consciência do mal praticado e da necessidade de reparação. Assim, quando lesamos algum órgão de nosso corpo, sofremos as consequências da referida lesão. Por isso a mente, pelo excesso do remorso impregnado na memória, no arrependimento e na dor dele advinda, dentro dos princípios do automatismo, gerados pelos impulsos conscientes da responsabilidade, fulcro do pensamento ininterrupto, fixados na tela mental (cuja duração depende do volume da lesão provocada) e gerando reflexão, no princípio de ação e reação, causa e efeito, os resíduos das culpas que serão ressarcidas pela intervenção do amor divino, naquela feliz expressão do apóstolo "O amor cobre a multidão dos nossos pecados", prepara-nos para o serviço efetivo no bem, via reencarnação, necessária ao aprendizado prático das lições falidas voluntariamente.

Estamos capacitados para entender o sofrimento dos suicidas, dos criminosos, dos doentes da alma em vícios, que sofrem as aflições mentais que eles próprios criaram, aprisionados aos sofrimentos causados em si e em terceiros. Assim, somente paisagens regenerativas, na conquista do arrependimento, de onde a alma alucinada se estanca, não suportando mais a fixação mental nos delitos cometidos e nos filtros de aflição. Eis porque é da essência Divina a felicidade. Os sentimentos se rendem ao pensamento saudável da possibilidade de quitação do débito, em outra oportunidade, razão da presença humana muitas e muitas vezes, no nascer de novo, até a quitação total de todos os débitos, preparando-se, durante milênios para as quitações de crescimento, de aprimoramento das virtudes a caminho da angelitude.

Candidatando-se à vida superior e procurando adaptar-se a essas influências, é necessário ter conhecido o sofrimento, praticado a abnegação, ter renunciado às alegrias materiais, acendido e alimentado em si a chama, a luz interior que não se apaga nunca e cujos reflexos iluminam desde este mundo até as perspectivas do Plano Maior. Por intermédio de múltiplas e penosas existências planetárias, preparamo-nos para a vida maior.

A clonagem dos animais não significa necessariamente qualquer espécie de criação científica, apenas multiplicação permitida pelo Pai, vez que Ele quer maior espaço de tempo do homem dedicado à sua evolução moral e cultural e, por isso, permite a clonagem, e muito mais virá por aí nesse propósito. Nosso Pai quer que tenhamos tempo suficiente para o nosso crescimento, para que possamos dedicar mais atenção aos valores morais e intelectuais e, por isso, permite a clonagem e outras formas de reprodução tanto de animais quanto de humanos, já que até o presente momento desenvolvemos pouco mais de 10% de nosso potencial.

Nossas irmãs, nos países ricos, não querem muitos filhos. Basta apenas um, quando muito, dois. Mas o Plano Maior quer e, portanto, facilita aos cientistas meios e condições para tanto. Assim, temos hoje os recursos para as que querem maior número de filhos e dia virá que nem a barriga será emprestada, via útero, para a chegada de nossos irmãos na Terra, pois tudo será facilitado.

A cibernética, por outro lado, facilita a vida do homem, proporcionando-lhe condições de produzir a partir de seu próprio lar, para o seu trabalho, com os recursos tecnológicos à sua disposição. O mesmo acontece em todas as áreas e atividades humanas e, a bem da verdade, ainda não começou a plenitude dos inventos e dos eventos que facilitarão a vida humana na Terra, não só no campo do trabalho, mas em todas as atividades.

A criação dos avidianos por pesquisadores americanos, chamados microrganismos digitais, que se reproduzem assexuadamente, possuindo equivalente a código genético, inclusive com possibilidade de mutações, as quais são estimuladas por eletricidade e depois de um determinado número de gerações há uma produção maior de DNA, querendo, com isso, os ditos cientistas, estabelecer uma comparação com a criação da vida na Terra, pelo mesmo sistema ou similar. Isso é estar em desacordo com a fonte de tudo, com a inteligência das inteligências, Nosso Pai celestial.

Tanto é verdade que podemos afirmar questionando: por que tais fatos não ocorreram há milhares de anos ou mesmo em séculos anteriores? Porque houve necessidade de crescimento, de evolução da mente humana para suportar a velocidade da evolução dos últimos tempos.

Alguns cientistas acreditam que houve um big bang, como se tudo dependesse de uma gigantesca explosão ou desintegração de um todo, que foi particularizado em planetas e estrelas; e outros dão explicações no campo da Física de que o referido big bang é o desvio para o vermelho na luz das estrelas e a radiação cósmica de fundo.

Mesmo que o big bang tivesse ocorrido e o todo tivesse se subdividido em bilhões de astros, é de se perguntar: qual o todo? Que parte do todo? Nossa galáxia e as demais? Todas se incluem na referida explosão? Mas nós estamos diante do universo infinito, portanto todas as teorias terão que forçosamente se submeter à teoria do infinito, e ninguém tem condições de dizer se o infinito todo estava contido no big bang.

Agora, quando você avista uma obra, imediatamente surge a ideia da autoria. Diante de um quadro, surge em nós a procura do pintor, principalmente se a obra é sensacional. O mesmo acontece diante de todas as artes: há sempre em nós a procura do autor, do criador, do compositor, e assim por diante.

Pois bem, quem teria condições de ter criado tudo? E mais, com a preocupação, ou melhor dizendo, visando à nossa felicidade, direcionando toda a criação a nosso favor, como alvo de profundo amor? Somente Deus.

A vida está presente em todo Universo. Nada foi feito por acaso. As moradas recebem os moradores segundo a evolução de cada um. Irmãos evoluídos habitam moradas evoluídas, de acordo com a lei de mérito.

A estação espacial internacional acaba de divulgar a notícia de profundo significado científico: segundo experiência feita na ISS, pelo autor do estudo, Tom Corbin, "a soja cultivada no espaço é similar à da Terra, mesmo crescendo sob efeito de falta de peso. e cresce na direção da luz e mantém as raízes no chão. Tudo leva a crer que a missão do homem apenas está começando quanto à conquista do universo, pois poderá cultivar seu alimento nas estações espaciais" (*Folha Ciência*, 11/06/2003, pág. A-16).

A National Academy Of Sciences, nos Estados Unidos da América do Norte, pretende reunir os seres humanos e os chimpanzés na mesma classificação – o gênero homo –, já que os chimpanzés têm mais em comum com os seres humanos do que com qualquer outro primata, em razão de partilhar os já referidos 99,4% de seu DNA, conforme notícia mundial fornecida pela Associated Press (AP), contrariando as pesquisas elaboradas pelos cientistas evolucionistas no sentido de diminuir referido percentual de similaridade.

Outras equipes não concordam com a referida divulgação, já que foram comparados apenas 97 genes e o genoma humano aproxima-se de 30.000 genes, assim, houve, segundo eles, precipitação na divulgação, já que a comparação foi de apenas 0,03% do total do genoma humano. Ademais, não houve ainda um mapeamento do genoma dos macacos, mesmo isolando-se, no caso, os chimpanzés. Assim, tudo não passa de conjectura.

Natureza similar, ou seja, anatomia similar reflete gene similar, mas não significa necessariamente similaridade genética real, pois os mamíferos têm elevado número de genes similares entre si e entre os humanos, e o de maior proximidade do homem é o chimpanzé. Isso vem provar nossa teoria de que o macaco emprestou sua roupagem para a chegada do homem na Terra e, portanto, está aí o parentesco tão estreito rastreado pelo DNA, embora nada tenha ocorrido com a alma (espírito) do homem, tanto na inteligência quanto na consciência e no livre-arbítrio, o que não ocorre com os macacos. Seja qual for a espécie de primata analisado, continua com a sua cultura milenar, de milhões de anos.

Ademais, segundo os mesmos cientistas, caso decidissem comparar apenas alguns desses genes, poderiam obter resultados para o já referido grau de similaridade, que variariam de 0% a 100%, tudo depende da escolha dos genes a serem comparados.

A maior aproximação dos chimpanzés é com o homem, mais que com qualquer outra espécie de símios, em razão da já referida similaridade de DNA. O referido número é apenas uma amostragem da configuração, mas não foram mapeados gene a gene de cada um. Mesmo tomando outros seres, inclusive os vegetais, há um percentual de similaridade, como fator decisivo da teoria de evolução da presente obra, em que cada espécie guarda da espécie anterior tudo aquilo que ela alcançou quando passou por ela e, assim, sucessivamente. Já se sabe que genes iguais em criaturas diferentes exercem funções diferentes e isso não foi abordado no resultado do homem e do chimpanzé.

Na verdade, o digno cientista que pesquisou o mapeamento genético do chimpanzé conduziu sua pesquisa com a preocupação contida no direcionamento dela, ou seja, de que o homem e o chimpanzé podem ter a mesma classificação homo, o que, na cadeia evolucionista, vale dizer: descobri a América e ponto final.

O Dr. David Dewitt, conferencista na Conferência Creation, Cincinnati, Ohio, EUA, em 22/5/03, (disponível em: <http://www.scb.org.br>), assim se manifestou: "A classificação dos organismos baseia-se em similaridades e diferenças. Parece estranho colocar essas três espécies (chimpanzés, bonobos e seres humanos) no mesmo grupo em igualdade de posição. Uma criança pode reconhecer a similaridade entre chimpanzés e bonobos, bem como a diferença entre eles e os seres humanos. A proposta poderá também complicar a já problemática situação dos neandertais, australopitecíneos e outros alegados ancestrais humanos. Por exemplo, os cientistas evolucionistas não classificam os australopitecíneos, como Lucy, no mesmo gênero que os seres humanos. Entretanto isso é o que o Goodman está propondo fazer com os chimpanzés".

No mesmo site encontramos: "A conclusão é que quando os cientistas procuram similaridades, eles as encontram e quando procuram diferenças, também as encontram". Com base no número de diferenças nos pares de bases do DNA, alguns têm excluído os neandertais como contribuintes para o MTDNA do pool gênico do homem moderno. Entretanto, com base no número de similaridades, os chimpanzés e os bonobos deveriam ser incluídos no gênero homo, juntamente com os seres humanos. Não se pode esquecer do fato de que esses critérios são arbitrários. Ou seja, obtém-se o que quer quando se manipulam genes direcionados para a pesquisa que se quer obter, dentro do pensamento ou orientação cientifica que se tem como padrão no campo da evolução, tanto humana quanto animal.

Esquecem-se ou desconhecem os cientistas a condição humana, que a sua fase animal ficou no pretérito e que, para chegar na Terra, não sendo animal primitivo, não podia vir pela geração espontânea, pois sua evolução não o permitiria. Veio, então, utilizando-se da vestimenta do macaco, e nem o macaco nem o homem perdeu sua individualidade e, portanto, sua evolução. O macaco continua macaco e o homem, na condição atual, da mesma forma que o chimpanzé um dia atingirá a condição humana, chegará à angelitude. Tudo é questão de tempo e de evolução.

NOSSA MENSAGEM FINAL AO NOSSO PAI DEUS

O universo é obra inteligentíssima, obra que transcende a mais genial inteligência humana. E, como todo efeito inteligente tem uma causa inteligente, é forçoso inferir que a do universo é superior a toda inteligência. É a inteligência das inteligências, a causa das causas, a lei das leis, o princípio dos princípios, a razão das razões, a consciência das consciências; é deus! Deus!... Nome mil vezes santo, que Isaac Newton jamais pronunciava sem descobrir-se!

É Deus! Deus, que Vos revelais pela natureza, vossa filha e nossa mãe. Reconheço-Vos eu, Senhor, na poesia da criação, na criança que sorri, no ancião que tropeça, no mendigo que implora, na mão que assiste, na mãe que vela, no pai que instrui, no apóstolo que evangeliza!

Deus! Reconheço-Vos eu, Senhor, no amor da esposa, no afeto do filho, na estima da irmã, na justiça do justo, na misericórdia do indulgente, na fé do pio, na esperança dos povos, na caridade dos bons, na inteireza dos íntegros!

Deus! Reconheço-Vos eu, Senhor, no estro no vate, na eloquência do orador, na inspiração do artista, na santidade do moralista, na sabedoria do filósofo, nos fogos do gênio!

Deus! Reconheço-Vos eu, Senhor, na flor dos vergéis, na relva dos vales, no matiz dos campos, na brisa dos prados, no perfume das campinas, no murmúrio das fontes, no rumorejo das franças, na música dos bosques, na placidez dos lagos, na altivez dos montes, na amplidão dos oceanos, na majestade do firmamento!

Deus! Reconheço-Vos eu, Senhor, nos lindos antélios, no íris multicor, nas auroras polares, no argênteo da lua, no brilho do sol, na fulgência das estrelas, no fulgor das constelações.

Deus! Reconheço-Vos eu, Senhor, na formação das nebulosas, na origem dos mundos, na gênese dos sóis, no berço das humanidades, na maravilha, no esplendor, no sublime infinito!

Deus! Reconheço-Vos eu, Senhor, com Jesus, quando ora: "Pai nosso que estais nos céus...", ou com os anjos, quando cantam: "Glória a Deus nas alturas...".

Aleluia!

Eurípedes Barsanulfo

NOTAS BIBLIOGRÁFICAS

KARDEC, Allan. *O livro dos espíritos*. 74. ed. Rio de Janeiro: FEB, 1994.

_____. *A Gênese*. 1. ed. de bolso. São Paulo: AEK, 2006.

_____. *Revista Espírita 1859 a 1869*. 1. ed. São Paulo: Edicel.

XAVIER, Francisco C. Emamnuel. Pelos espíritos André.

Luiz e Emmanuel. 1. ed. São Paulo: AEK, 1981.

_____. Vieira, Waldo. *Evolução em dois mundos*. Pelo espírito André Luiz. 4. ed. Rio de Janeiro: FEB, 1983.

_____. *A caminho da luz*. Pelo espírito Emmanuel. 2. ed. Rio de Janeiro: FEB, 1989.

PAULING, Linus. *Como viver mais e melhor*. 3. ed. Rio de Janeiro: Best Seller, 1988.

PEARSON, Durk; SHAW, Sandy. *Life extension*. New York: Paperback Customer Reviews, 2003.

PLATÃO. *A República*. Rio de Janeiro: Nova Cultural, 2000. (Série Os Pensadores).

ARISTÓTELES. *Constituição de Atenas*. Rio de Janeiro: Nova Cultural, 2000. (Série Os Pensadores).

GANDHI, K. Mohandas. *Minha vida e minhas experiências com a verdade*. 2. ed. São Paulo: Palas Athena, 2001.

DARWIN, Charles Robert. *The origin of species*. Curitiba: Hemus, 1988.

_____. *The descent of man*. São Paulo: Martin Claret, 1998.

GUY, Playfair. *A força desconhecida*. São Paulo: Bloco Press Ltda., 1977.

EINSTEIN, Albert. *Fundamento da teoria geral da relatividade*. Rio de Janeiro: Nova Fronteira, 1981.

_____. *Construtores do universo*. Curitiba: Hemus, 1989.

_____. *O mundo como eu o vejo*. 2. ed. Rio de Janeiro, 1983.

DESCARTES, René. *Méditations sur la Philosophie Première*. Rio de Janeiro: Nova Cultural, 2000.

ROHDEN, Huberto. *Isis*. 2. ed. São Paulo: Alvorada, 1983.

_____. *Por mundos ignotos*. 3a ed. São Paulo: Alvorada, 1983.

_____. *Profanos e iniciados*. 2a ed. São Paulo: Alvorada, 1983.

_____. *O homem*. 1. ed. São Paulo: Alvorada, 1984.

_____. *De alma para alma*. 13. ed. São Paulo: Alvorada, 1988.

_____. *Ídolos ou ideal?* 2. ed. São Paulo: Alvorada, 1983.

DELANNE, Gabriel. *A alma é imortal*. 4. ed. Rio de Janeiro: FEB, 1994.

LACERDA, Fernando de. *Do país da luz*. 3. ed. 4 v. Rio de Janeiro: FEB, 1993.

SARTRE, Jean-Paul. *As palavras*. 3. ed. Rio de Janeiro: Difusão Europeia do Livro, 1998.

DENIS, Leon. *O grande enigma*. 7. ed. Rio de Janeiro: FEB, 1983.

_____. *O problema do ser, do destino e da dor*. 25. ed. Rio de Janeiro: FEB, 1997.

SANT'ANNA, Hernani T. *Universo e vida*. 1. ed. Rio de Janeiro: FEB, 1980.

ARAÚJO, Vivaldo J. de. *Meus momentos com Huberto Rohden*: História da Terra Branca e Outras Mais. Goiânia: Kelps, 2000.

PRIGOGINE, Ilya. *Entre o tempo e a eternidade*. São Paulo: Edusp, 1996.

_____. *O fim das certezas*. São Paulo: Edusp, 1996.

_____. *As leis do caos*. São Paulo: Edusp, 1996.

SADHU, Mouni. *Concentração*. 9. ed. São Paulo: Pensamento, 1993.

LIPP, J. Frank. *Herbalism*. Singapore: Duncan Baird Publishers Ltda., 1997.

CARPER, Jean. *Stop aging now!* São Paulo: Harper Collins Publishers, 1995.

CAPRA, Fritjof. *A teia da vida:* uma nova compreensão científica dos sistemas vivos. São Paulo: Cultrix, 2001.